Volkskirche und Kirchenvolk

T V Z

denkMal – Standpunkte aus Theologie und Kirche

Herausgegeben von Claudia Kohli Reichenbach, Matthias Krieg, Ralph Kunz, David Plüss, Sabine Scheuter und Matthias Zeindler.

Band 8 – 2015

Die Buchreihe *denkMal* ist ein Gemeinschaftsprojekt der Evangelisch-reformierten Landeskirche des Kantons Zürich und der Reformierten Kirchen Bern-Jura-Solothurn sowie der Theologischen Fakultäten Bern und Zürich. Ihr Ziel ist es, zu aktuellen Themen in Kirche und Gesellschaft Materialien und Reflexionen vorzulegen.

Claudia Kohli Reichenbach, Matthias Krieg (Hg.)

Volkskirche und Kirchenvolk

Ein Zwischenhalt

TVZ
Theologischer Verlag Zürich

Bibliografische Informationen der Deutschen Nationalbibliothek

Die Deutsche Nationalbibliothek verzeichnet diese Publikation in der Deutschen National-
bibliografie; detaillierte bibliografische Daten sind im Internet über http://dnb.d-nb.de abrufbar.

Umschlaggestaltung
Simone Ackermann, Zürich,
unter Verwendung von Paul Klee, EIDOLA: weiland Philosoph, 1940, 101
Kreide auf Papier auf Karton, 29,7 × 21 cm, © Zentrum Paul Klee, Bern

Cover-Neugestaltung nach einer Idee von Johannes Stückelberger

Druck
ROSCH BUCH GmbH, Scheßlitz

ISBN 978-3-290-17829-1
© 2015 Theologischer Verlag Zürich
www.tvz-verlag.ch

Inhalt

C – See und Fluss

D – Reaktionen und Wünsche

E – Glossar und Anhang

Claudia Kohli Reichenbach, Matthias Krieg

Vorwort

«*Facebook* hin oder her. Das Reale und Nahe ist wichtig. Dazu gehört auch die Volkskirche. Deshalb wird sie wieder kommen, nachdem alles virtuell und anonym geworden ist. Die Leute suchen wieder die Nähe.» Dies gibt Heinz Hofer zu Protokoll, Coiffeur im Zürcher Niederdorf. Es ist eines von zwanzig Statements zur Volkskirche, die Sie in der vorliegenden Ausgabe von *denkMal* finden. Für einige gibt es wie für Herrn Hofer gute Gründe, an die Zukunft der «Volkskirche» zu glauben. Andere sind skeptisch. Aber Moment mal – was steckt überhaupt hinter dem Modell «Volkskirche»? Welche gesellschaftlichen Faktoren sind zu berücksichtigen, wenn man über die Zukunft der Volkskirche nachdenkt? Welche Art von Kirchenbindung sucht denn das Kirchenvolk heute? Diese und andere Fragen werden auf den nächsten hundertfünfzig Seiten diskutiert.

Wir laden Sie ein, in einem Buch zu stöbern, das in Teil A Begriffsklärungen vornimmt, in Teil B über Auftrag und Zukunft der Volkskirche nachdenkt und in Teil C Modelle aus der Praxis interpretiert. Wir haben drei bekannte Persönlichkeiten der Schweizer Kirchenlandschaft gebeten, je eine Rezension des Buchs im Buch zu schreiben: Dr. Andreas Zeller, Synodalratspräsident der Reformierten Kirchen Bern-Jura-Solothurn, Dr. Urs Meier, ehemaliger Geschäftsführer der Reformierten Medien und PD Dr. Christina Aus der Au, Geschäftsführerin des Zentrums für Kirchenentwicklung in Zürich, nehmen zu den vorliegenden Beiträgen Stellung.

Dieser achte Band von *denkMal* folgt dem siebten über «Das reformierte Pfarrhaus» und ist der zweite, der in gemeinsamer Verantwortung der beiden Landeskirchen und Fakultäten von Bern und Zürich getragen wird. Kirche von B bis Z in A-Qualität, wie wir hoffen. Wir haben unser Ziel erreicht, wenn in Konventen und Kapiteln, in Räten und Pflegen über das Thema diskutiert wird, das wir mit diesem Band lancieren. Fünfhundert Jahre nach der Reformation ist die *semper reformanda*, in welcher Gestalt auch immer, nicht zu Ende gedacht. Wir wünschen Ihnen, liebe Leserin und lieber Leser, eine anregende Lektüre!

A – Begriff und Epoche

Matthias Krieg
Der grosse Lümmel

Volk? Was ist das?

Als Johann Gottfried Herder 1778–79 seine Sammlung «Volkslieder nebst untermischten anderen Stücken» publizierte, hatten auf einem Gebiet, so gross wie das spätere Deutsche Reich, mindestens 196 territoriale Einheiten das Münzrecht, die meisten fürstlich, einige katholisch, dazu die Freien Städte.[1] Auf dem Gebiet der heutigen Schweiz sah es nicht viel anders aus.[2] In Städten wie Köln oder Basel gab es bischöfliche und städtische Münzen sogar auf demselben Gebiet. – Als Heinrich Heine 1844 seine Satire «Deutschland, ein Wintermärchen» schrieb, hatten auf nahezu demselben deutschen Gebiet noch immer 82 territoriale Einheiten, nunmehr allerdings fast

---

1   Vgl. Colin R. Bruce/George Cuhaj/Merna Dudley (Hg.), Standard Catalog of World Coins 1701–1800, Iola WI 2007, 247–628: Unter «German States» sind 196 Einheiten aufgelistet, die im 18. Jahrhundert das Münzrecht besassen, davon 29 katholische Einheiten. In 32 von 196 Einheiten sind 1778–79 auch Münzen geprägt worden: in Baden-Durlach, Bamberg, Bayern, Brandenburg-Ansbach, Brandenburg-Bayreuth, Braunschweig-Lüneburg-Calenberg-Hannover, Braunschweig-Wolfenbüttel, Ostfriesland, Frankfurt am Main, Abtei Fulda, Hamburg, Hanau-Münzenberg, Hessen-Kassel, Jülich-Berg, Löwenstein-Wertheim-Virneburg-Rochefort, Erzbischöflich Mainz, Mecklenburg-Schwerin, Nürnberg, Bischöflich Passau, Pfalz-Sulzbach, Preussen, Regensburg, Reuss-Obergreiz, Abtei St. Alban, Sachsen-Coburg-Saalfeld, Sachsen-Hildburghausen, Sachsen, Schwarzburg-Rudolstadt, Schlesien, Stolberg-Wernigerode, Württemberg und Bischöflich Würzburg.

2   Vgl. a. a. O., 1185–1225: 30 Einheiten hatten im 18. Jahrhundert das Münzrecht, davon 10 katholische. 1778–79 haben Bern, die Abtei St. Gallen, Schwyz, Bischöflich Sitten, Solothurn, Zug und Städtisch Zürich Münzen geprägt.

ausschliesslich weltliche, das Münzrecht[3], während es in der Schweiz bereits kaum noch Prägungen gab.[4]

1. Das Kleingeld im Sack

Die beiden Literaten sind für damalige Verhältnisse weit gereist. Johann Gottfried Herder (1744–1803) zog 1769–71 von Riga nach Nantes und Paris, über Brüssel, Antwerpen, Amsterdam und Hamburg nach Eutin, von dort über Hannover, Göttingen, Kassel und Darmstadt nach Strassburg, um schliesslich wieder gen Norden aufzubrechen, wo er in Schaumburg-Lippe einen Auftrag übernahm. Ende April 1771 trat Herder seine neue Stellung als Oberprediger und Konsistorialrat in Bückeburg, der Residenzstadt der Grafschaft, an.[5] In genau dieser Stadt ist Heinrich Heines Familie seit dem 17. Jahrhundert nachgewiesen. – Heine (1797–1856) lebte seit 1831 im Pariser Exil und reiste 1843–44 letztmals nach Deutschland, nämlich von Paris über Brüssel, Münster, Osnabrück und Bremen nach Hamburg. Die Rückreise ging über Hannover nach Bückeburg und von dort über Minden, Paderborn, Mülheim und Köln, über Aachen und die Grenze nach Paris. Seine Satire wurde bereits am 4. Oktober 1844 von der preussischen Zensur beschlagnahmt, und am 12. Dezember 1844 erliess der König von Preussen einen Haftbefehl, doch da war Heine schon längst wieder in Paris.[6]

---

3   Vgl. George Cuhaj/Merna Dudly (Hg.), Standard Catalog of World Coins 1801–1900, Iola WI 2009, 373–535: Unter «German States» sind 82 Einheiten aufgelistet, davon noch 4 katholische, die im 19. Jahrhundert das Münzrecht besassen, ab 1873 parallel zur zentralen Münze des Deutschen Kaiserreichs. 1844 wurden in 22 von 82 Einheiten Münzen geprägt: in Baden, Bayern, Braunschweig-Wolfenbüttel, Frankfurt, Hamburg, Städtisch Hannover, Königlich Hannover, Hessen-Kassel, Hessen-Darmstadt, Hessen-Homburg, Hohenzollern-Hechingen, Hohenzollern-Sigmaringen, Mecklenburg-Schwerin, Nassau, Preussen, Reuss-Lobenstein-Ebersdorf, Reuss-Obergreiz, Reuss-Schleiz, Königlich Sachsen, Sachsen-Weimar-Eisenach, Sachsen-Coburg-Gotha und Königlich Württemberg.

4   Vgl. a. a. O., 1136–1161: Im Jahr 1844 gab es nur noch 7 Prägungen in 4 Kantonen, nämlich 1 Centime und 10 Centimes in Genf, 1 Rappen in Luzern, 1 und 2 Rappen sowie 1 Dukat in Schwyz, 1 Rappen in Zürich. Die letzten 4 Kantonsmünzen sind 1848 geprägt worden, nämlich 5, 10 und 20 Francs in Genf sowie 1 Rappen in Zürich. Abgesehen vom Zwischenspiel der Helvetik mit zentralen Münzen aus den Jahren 1798–1803, startete 1850 die bis heute andauernde Schweizermünze mit zentraler Prägung in Bern, jetzt die «Swissmint».

5   Dort hatte es Herder numismatisch mit «Pfennig», «Mariengroschen» und «Thalern» der Grafschaft Schaumburg-Lippe zu tun. Das Haus Lippe war übrigens reformiert, die Grafschaft insgesamt aber lutherisch.

6   Dort hatte Heine klare numismatische Verhältnisse: Der «Zweite Empire» (1815–1847) hatte wie die Herrschaften vorher und nachher landesweit für das Gebiet des heutigen

Wie viele Herrschaftsgebiete mag Herder in seinen drei Wanderjahren befahren und betreten haben? Wie viele Münzsysteme mögen seinen Geldbeutel gefüllt haben? Durch wie viele Territorien, bei wie vielen Grenzkontrollen, mit wie vielen Währungen war Heine unterwegs, um in Hamburg ein letztes Mal seine alte Mutter zu sehen? Während Herder vermutlich einen herkömmlichen «Geldsack» mit sich schleppen musste, um die vielen Kupfer- und Silberstücke unterzubringen, die sich im Verlauf seiner Reise ansammelten, konnte sich Heine im Exil vermutlich ein elegantes «Portemonnaie» leisten, in dem Louis Philippe I in Kupfer und Silber hinreichend Platz fand. Deutsche Studenten des 19. Jahrhunderts nannten übrigens den Geldsack wegen der Vielfalt seines Inhalts spöttisch ein «Münzkabinett». Reisende in dieser Zeit schleppten eine ganze Sammlung schöner Münzen durch die Lande.

Wieso dieser numismatische Einstieg? Was Herder und Heine als Reisende erfahren haben, war die sprichwörtliche «deutsche Kleinstaaterei». Liechtenstein, Andorra und San Marino als Normalfall; Bayern und Preussen als Ausnahmen. Während Frankreich bereits früh ein integriertes Territorium besass und die Schweizer Diversität sich als «Eidgenossenschaft» band, präsentierte sich das «Heilige Römische Reich Deutscher Nation» als ein kaum überschaubarer Flickenteppich. Heine widmete dem Grenzübertritt von Frankreich nach Deutschland deshalb ein ganzes Kapitel seines satirischen Wintermärchens[7]: «Während die Kleine (das Harfenmädchen) von Himmelslust / Getrillert und musiziert, / ward von den preussischen Douaniers / mein Koffer visitiert. // Beschnüffelten alles, kramten herum / In Hemden, Hosen, Schnupftüchern; / Sie suchten nach Spitzen, nach Bijouterien, / Auch nach verbotenen Büchern.» Während Heine für sich in Anspruch nahm, die aus gutem Grund «verbotenen Bücher», die wirklich stechenden «Spitzen» und die wahre «Bijouterie» der politischen Zukunft «im Kopf» statt im Koffer zu tragen, ja, sein Kopf sei gar «ein zwitscherndes Vogelnest / Von konfiszierlichen Büchern», wollte ihm ein Mitreisender weismachen, der preussische Staat werde «unser Volkstum begründen / Er werde das zersplitterte Vaterland / zu einem Ganzen verbinden. // Er gebe die äussere Einheit uns, / Die sogenannt materielle; / Die geistige Einheit gebe uns die Zensur, / die wahrhaft ideelle - // Sie gebe die innere Einheit uns, / Die Einheit im Denken und Sinnen; / Ein einiges Deutschland tut uns not, / Einig nach aussen und innen». Dieser Mitreisende sollte 1867 und 1871 zwar realgeschichtlich Recht bekommen: Die Nation kam zur Welt. Doch Heine, Prophet wider Willen, sollte mit Blick auf

---

Frankreich eine einheitliche Währung aus «Centimes» zu 25 und 50 und «Francs» zu Viertel-, Halb- und Ganzfranc sowie 2 und 5 Francs.

7   Vgl. Hermann R. Leber (Hg.), Heinrich Heines Werke in einem Band, Salzburg o. J., 612–613 innerhalb 610–640, Kaput II von XXVII.

1914 und 1933 ideengeschichtlich Recht behalten: Auch der Nationalsozialismus kam zur Welt.

Wieso diese Wirkung, zufällig mit gemeinsamer Wurzel im abgelegenen Bückeburg[8]? In Herders Zeit begann ideell, was später «Volkstum» genannt wurde:[9] die nachhaltige Geburt des Volks als einer romantischen Vorstellung. Und in Heines Zeit bahnte sich an, was sich zwei Generationen später in zwei Richtungen entwickeln sollte: einerseits zur völkisch-nationalistischen Rezeption und andererseits zur proletarisch-stalinistischen Rezeption. *Les extrêmes se touchent!* Grundlage von beiden Rezeptionen aber ist seit 1848 die reale Nationalisierung der romantischen Utopie vom einen Volk. Einheit statt Kleinstaaterei war die Sehnsucht der Herders und Heines, Kultur von unten statt von oben, Identität statt Willkür.

2. Die Bijouterie im Kopf

Es mag überraschen und unglaublich erscheinen, aber es ist so: Vor dem Zeitraum 1770–1820 gab es das «Volk» gar nicht! Stände gab es, und das, was man sich heute als «Volk» denkt, war nach dem Klerus als «erstem Stand» und dem Adel als «zweitem Stand» schlicht der «dritte Stand»: städtisch die «Bürger» und ländlich die «Bauern». «Klassen» gab es, wie im folgenden Jahrhundert Karl Marx sie beschreiben würde, oder «Schichten», wie sie noch mal ein Jahrhundert später die Soziologen nennen würden. Volk, das war generell das «Gemeine Volk» im Sinn der «Plebs» oder der «Pöbel» als Pejorativ von «Populus». Volk, das war «vulgär» im Sinn des «Vulgus», worin ja auch die etymologische Wurzel steckt. «Volk», das waren die «Untertanen» im Unterschied zur «Obrigkeit», das «Gesinde» im Unterschied zur «Herrschaft», die «Hintersassen» im Unterschied zu den «Burgern», das «Fussvolk» im Unterschied zum «Rittertum», der «Haufen» oder die «Leute», die «Masse» oder die «Menge» im Unterschied zum «Individuum». Zur Zeit der frühen Eisenbahn war es die «Holzklasse», in Ländern mit schwacher Demokratie ist es noch immer das «Stimmvieh», in Gebieten mit wirtschaftlicher Not sind es die «Proleten». Gemeinsam sind allen diesen Bezeichnungen ein Unten

---

8　Bückeburg zählt heute knapp 20'000 Einwohner. Die Stadtgeschichte vermerkt stolz ihr Engagement für die Aufklärung: So war Johann Christoph Friedrich Bach, Komponist und einer der Bach-Söhne, 1755–95 daselbst Hofkapellmeister. Johann Gottfried Herder diente 1771–75 als Hauptprediger, Superintendent und Konsistorialrat. Voltaire war am Hof zu Gast. Josef Heyne, ein Vetter von Heines Grossvater, betrieb ab 1799 eine Bank. Seit 1864 erinnert ein Denkmal vor der Stadtkirche an Herder.

9　Vgl. in derselben Broschüre, das «Glossar» mit dem Titel «Volksvermehrung». Die Wortbildung «Volkstum» stammt aus dem Jahr 1808, die Wortbildung «Volkskirche» aus dem Jahr 1809.

gegenüber einem Oben, das Mindere gegenüber dem Höheren. Gemeinsam sind stets Abhängigkeit und Armut, fehlende Bildung und fehlende Kultur. Gemeinsam ist immer die negative Konnotation. Wer wollte so schon zum «Volk» gehören?

«Es ist dem Untertanen untersagt, den Massstab seiner beschränkten Einsicht an die Handlungen der Obrigkeit anzulegen.» Gustav von Rochow (1792–1847), Minister des Innern und der Polizei in Preussen und Scharfmacher der Heinezeit, soll so ausgedrückt haben, was trotz Aufklärung und Revolution noch immer offizielle Doktrin war: Wer wie die Herders und Heines mit dem «Volk» argumentierte, war ein Fall für Geheimpolizei und Zensur. Das von oben herab in den Senkel gestellte Volk freilich rächte sich und nannte seinen Minister von Rochow fortan den «beschränkten Gustav». Heine hingegen nennt das Volk, das sich seiner selbst bewusst wird, ohne schon zu seinem Recht gekommen zu sein, quasi das Volk in seiner unmündigen und aufmüpfigen Pubertät, das von seinen Eltern, den beiden oberen Ständen, so gern infantilisiert wird, Heine nennt es den «grossen Lümmel»: Im ersten Kapitel des Wintermärchens, an der Grenze von Frankreich zu Deutschland, singt das Harfenmädchen «das alte Entsagungslied, / Das Eiapopeia vom Himmel, / Womit man einlullt, wenn es greint, / das Volk, den grossen Lümmel».[10] Einheit und Beteiligung dann, aber nicht jetzt. Mündigkeit und Identität als Vertröstung auf später.

Heines «Bijouterie» aber zehrt von Herders Entdeckung: Die Kleinstaaterei Deutschlands interpretierte jener als ein Phänomen der Dekadenz. Faktisch war sie ausgelöst durch Erbteilungen und Heiratspolitik. Kulturell war sie ein Indiz des Niedergangs. Anspruch und Realität lagen meist im Widerspruch. Aufgeklärte Kultur und feudale Politik setzten antagonistische Zeichen. Nach wie vor behaupteten die beiden oberen Stände für sich, allein Träger der Kultur zu sein, und faktisch waren sie dies ja auch als Bauherren und Mäzene, als Auftraggeber und Brotherrn. Jeder Fürst hatte seinen Hofkomponisten und seinen Hofbaumeister. So war beispielsweise Carl Philipp Theodor (1724–99), Kurfürst von der Pfalz mit Hof in Mannheim und Herzog von Jülich und Berg mit Hof in Düsseldorf schlechthin der Mäzen der Herderzeit: In Mannheim ermöglichte er die «Mannheimer Schule» mit Carl Stamitz als herausragendem Komponisten, und in Düsseldorf liess er die klassizistische «Carlstadt» bauen. Ferner gründete er die «Kurfürstlich-Pfälzische Academie der Maler, Bildhauer- und Baukunst», aus deren Gemäldesammlung der Grundbestand der späteren Münchner Pinakothek hervorging. Zweifellos waren Fürsten und Bischöfe kunstsinnig. Selbst die Eleganz ihrer Münzen zeugt davon.

Dennoch ging Herder mit ihnen ins Gericht, denn erstens kam das Geld für derlei Kunstsinn aus der Arbeit des dritten Standes, und zweitens kam derselbe Stand zu jener Zeit kaum in den Genuss solch zweifellos guter Kultur. Sie galt, als

---

10   Kaput I, a. a. O., 610.

was sie selbst heute noch manchen Zeitgenossen gilt: als «Hochkultur». Damit tritt ein Gegenüber in Erscheinung, dessen Anspruch Herder bezweifelte und bekämpfte: Die beiden oberen Stände seien zuständig für die «Hochkultur», während der dritte Stand die niedere «Alltagskultur» oder «Populärkultur» besorge. Mit verheerenden Folgen: Während die oberen Stände sich von der Alltags- und Popkultur fernhalten sollten, um sich ihren Geschmack nicht zu verderben, sei der dritte Stand nicht einmal fähig, Hochkultur wahrzunehmen und zu verstehen, geschweige denn, sie hervorzubringen.

3. Die Revolution der Volkslieder

Herder versteht das Volk wie Paulus die Gemeinde:[11] korporativ im Bild des Körpers. Dieser Organismus kann metaphorisch alles, was der Körper des einzelnen Individuums real auch kann: Er kann glauben und denken, dichten und singen, er hat einen Geist und eine Seele. So kann der kollektive Körper des dritten Standes nun erstmals auch, was bislang nur der geniale Körper eines Angehörigen des ersten und zweiten Standes konnte: Träger von Kultur sein, was bedeutet, Kultur zu entwickeln, Kultur zu schaffen, Kultur zu erhalten. Herder hat nicht nur das Wort «Volkslied» geprägt (1773), und zwar als Lied, welches das Volk für sich gedichtet hat und singt, nicht als Lied, das jemand gönnerhaft fürs Volk geschrieben, *ad usum delphini*, zum Gebrauch der unmündigen Kindlein, entschärft und vereinfacht, damit die Ungebildeten auch mal was zu singen hätten. Er hat auch die Begriffe «Volkserzählung» (1777), «Volksseele» (1769) und «Volksglaube» (1791) entwickelt. Im Sinne Herders entstanden bald auch weitere Begriffe wie «Volkspoesie» (1776) oder «Volksballade» (?),«Volksmärchen» (1786) oder «Volksbuch» (1807), «Volksgeist» (1794) oder «Volkskunde» (1806), «Volksschule» (1779) oder «Volkspark» (1811).[12]

1771 traf Herder in Strassburg mit Goethe zusammen. Vierzig Jahre später beschreibt Goethe in «Dichtung und Wahrheit» diese Begegnung und die revolutionierende Einsicht, die Herder ihm dabei vermittelte: «Ich ward mit der Poesie von einer ganz andern Seite, in einem andern Sinne bekannt als bisher, und zwar in einem solchen, der mir sehr zusagte. Die hebräische Dichtkunst, welche er nach seinem Vorgänger Lowth geistreich behandelte, die Volkspoesie, deren Überlieferungen im Elsass aufzusuchen er uns antrieb, die ältesten Urkunden als Poesie, gaben das Zeugnis, dass die Dichtkunst überhaupt eine Welt- und Völkergabe sei,

---

11   Vgl. 1Kor 6,15; 10,17; 12,12–30; Röm 12,4–8; Gal 3,28.
12   Vgl. Glossar, a. a. O.

nicht ein Privaterbteil einiger feinen gebildeten Männer.»[13] Zwar sind dem grossen Goethe 1812 zwei nette Anachronismen untergekommen, denn der Begriff der «Volkspoesie» stammt aus dem Jahr 1776 und das grundlegende Werk von Lowth aus dem Jahr 1787, können beide also 1771 nicht Gegenstand gewesen sein, aber der Sache nach schildert Goethe die Einsicht Herders treffend: Wie es unbestreitbar die anonyme Poesie biblischer Psalmen und Weisheit gibt, so auch die mündlichen Überlieferungen beispielsweise des Elsass. Wenn niemand am Genius einer gegenwärtigen Dichterpersönlichkeit zweifelt, um wie viel weniger ist am Genius uralter Dichtung des Volks zu zweifeln? Weil biblische Poesie das Kollektiverbe des Gottesvolks ist, kann auch mit dem Kollektiverbe anderer Völker gerechnet werden. 1812, als Goethe diesen Teil von «Dichtung und Wahrheit» veröffentlichte, war die Sammeltätigkeit voll im Gang: Achim von Arnim und Clemens Brentano hatten gerade ihre Sammlung von «Volkes Stimme» publiziert: «Des Knaben Wunderhorn» von 1806–1808. Jacob und Wilhelm Grimm würden folgen: 1812–1815 mit den «Kinder- und Hausmärchen». Herders zweite Auflage seiner «Volkslieder», erweitert und unter dem neuen Titel «Stimmen der Völker in Liedern», war 1807 herausgekommen.

In seiner Vorrede wird Herder deutlich: Was die «feinen gebildeten Männer und deren «Privaterbteil» angeht, anerkennt und relativiert er erstens die rhetorische Elaboriertheit gegenwärtiger Poeten, denen vor lauter Stil die Seele abhanden komme, die «elegante Glätte der zeitgenössischen Kunstlyrik»[14], die ebenso perfekt wie kalt sei, die «pedantische Wortgenauigkeit», die Empfindung durch Richtigkeit ersetze. Er geisselt zweitens die «höfisch-falsche, bürgerlich-menschenfeindliche Verfassung», die den Menschen der Natur entfremde und ins Korsett von Protokoll und Comment stecke, die «Regeln und Jochgebräuche», die bemüht seien, «zuzuschliessen und zu vermauern das menschliche Herz», bis ihm nur noch verklemmte «Augenblicke» der Öffnung blieben. Er verurteilt drittens das Wesen der «Spekulation», das sich Denkgebäude erdenke, «Metaphysik und Dogmatik und Akten», ohne je ein richtiges Haus gebaut zu haben, und Gefühle entwickele, ohne ihnen je «durch Tätigkeit» begegnet zu sein. Er verhöhnt viertens die Aussenorientierung zeitgenössischer Dichtung, etwa an englischer oder französischer Literatur, als Selbstvergessenheit eigener Wurzeln, Dichter, die «im Tande ausländischer Nachäfferei so ersoffen» seien, oder «mit unwesentlichem Flittergolde der Aussenmummerei so verwebt», dass sie den besonderen Ton des eigenen Volkskörpers nicht mehr wahrnähmen. Und Herder mahnt fünftens ein-

---

13 Peter Boerner u. a. (Hg.), Johann Wolfgang Goethe. Dichtung und Wahrheit. Zweiter Teil, München 1969, 181; vgl. den ganzen Abschnitt 175–183: Robert Lowth war ein englischer Alttestamentler, dessen «Lectures on the Sacred Poetry of the Hebrews» von 1787 das theologisch-exegetische Poesieverständnis der Romantik stark beeinflussten.

14 Alle Zitate in diesem Abschnitt folgen Christa Käschel (Hg.), Johann Gottfried Herder. Stimmen der Völker in Liedern, Leipzig 1968, im Nachwort, 365–377.

dringlich, die Schätze der Volkspoesie zu heben, denn «sie liegen so tief, sind so verachtet und entfernet, hangen so am äussersten Ende des Untergangs und ewigen Verlustes», dass es fünfzig Jahre später wohl für immer zu spät sein würde.

Wie anders, wenn man ein Ohr hat, töne des «Volkes Stimme»! Zwar sitze nicht jeder Reim und passe nicht jeder Fuss, dafür offenbare sie «lebhafte Empfindung», naturnahe Erfahrung, «das treueste Bild der Zeiten und den wahren Geist des Volks». Zwar sei da selten etwas ausgefeilt nach allen Regeln der Kunst, dafür «leicht, einfach, aus Gegenständen und in der Sprache der Menge, so wie der reichen und für alle fühlbaren Natur». Zwar begegne man da kaum dem perfekten sittlichen Vorbild, dafür erfahre man, «wie angenehm es endlich sei, ein Volk in seiner nackten Einfalt, angeborenen Lustigkeit und in der ganzen Natur roher Seelenkräfte zu sehen».

Herders Plädoyer ist klar: Politische Kleinstaaterei und höfische *l'art pour l'art* sind dekadent. Die Betonung des individuellen Genies lässt das kollektive Genie der mündlichen und schriftlosen Traditionen in Vergessenheit geraten. Selbstvergessene Kultur aber verliert die Kraft zur Erneuerung, die aus den eigenen Quellen kommt.

4. Die Utopie der Volkskirche

Der älteste schriftliche Beleg des Begriffs «Volkskirche» stammt von 1809, schliesst also an die «Stimmen» (1807) und das «Wunderhorn» (1806–08) an. Friedrich Schleiermacher (1768–1834) verwendet ihn im Manuskript zur «Christlichen Sittenlehre»[15].

Der Berliner Theologe mit reformierten Wurzeln hatte bereits 1799 in seiner zweiten Rede «Über die Religion» diese im Herderschen Sinn beliebt zu machen versucht: Religion sei «Sinn und Geschmack für das Unendliche»[16], so aber etwas ganz anderes als die systematische «Spekulation» philosophischer Wissenschaft, etwas ganz anderes als Metaphysik, etwas anderes auch als Moral und Sitte. Mit Wissen und Sollen habe Religion selbst nichts zu tun. Religion sei ursprünglich, gehe allen Systemen, auch religiösen, stets voraus. Religion offenbare sich menschlicher «Anschauung» und menschlichem «Gefühl». Geschautes und Gefühltes

---

15   Friedrich Schleiermacher, Die christliche Sitte nach den Grundsätzen der evangelischen Kirche im Zusammenhang dargestellt. Zweiter Teil. Das darstellende Handeln, Berlin 1843, 569: «Die evangelische Kirche hat den Grundsatz, dass jede Landeskirche und jede Volkskirche ein ganzes für sich bilden. In der katholischen Kirche wird das nicht anerkannt, sie lässt vielmehr diese Differenzen in der Einheit der Kirche verschwinden.»

16   Niklaus Peter/Frank Bestebreurtje/Anna Büsching (Hg.), Friedrich Schleiermacher. Über die Religion. Studienausgabe, Zürich 2012, 47. Alle Zitate in diesem Abschnitt sind der zweiten Rede «Über das Wesen der Religion» entnommen, a. a. O., 34–114.

formten im «Augenblick» des Anschauens und Fühlens das anschauende und füh-
lende Individuum. Im «Augenblick» gebe es nicht Subjekt und Objekt und den
garstigen Graben zwischen ihnen, auch nicht Aktives und Passives und die abküh-
lende Distanz zwischen ihnen. Wahre Religion, die vor allem Fixierten sei, bestehe
im Augenblick von Anschauung und Gefühl, und darin sei sie «Unmittelbarkeit»
und «Einheit». Sie präge das «Gemüt» und werde zur Haltung. Jeder Versuch,
dieses Momentum systemisch festzuhalten, ob in Metaphysik oder Moral, ob
blitzgescheit oder strohdumm, sei bereits nicht mehr Religion, sondern ihr Fall.
Religion sei Umgang mit dem Ganzen: «Ihr Wesen ist weder Denken noch Handeln, sondern Anschauung und Gefühl. Anschauen will sie das Universum, in
seinen eigenen Darstellungen und Handlungen will sie es andächtig belauschen,
von seinen unmittelbaren Einflüssen will sie sich in kindlicher Passivität ergreifen
und erfüllen lassen.»[17] Einmal mit dem «Ganzen, Universalen, Unendlichen» in
Berührung gekommen, zeuge diese im Anschauenden zweierlei: die «Sehnsucht
nach ihm und die Ehrfurcht vor ihm». In diesem Sinn von Religion gibt es keine
nichtreligiösen Wesen. Religiöse Schläfer gibt es und religiöse «Systemsucht».
Beide sind der Fall der Religion. Wer aber «ergriffen» sei, «Gemüt» entwickelt
und «Haltung» gewonnen habe, bleibe, was das lateinische Wort *religio* bedeutet:
ein ihr Eingebundener und Hingegebener. «Je gesunder der Sinn, desto schärfer
und bestimmter wird er jeden Eindruck auffassen, je sehnlicher der Durst, desto
unaufhaltsamer der Trieb, das Unendliche zu ergreifen.»[18] Schleiermachers Empfehlung für die religiöse Haltung: Der Mensch solle «alles mit Religion tun, nichts
aus Religion». Fluidum statt causa, Trieb statt Hirn.

Eine Generation nach Herder definiert Schleiermacher «Religion ähnlich, wie
jener seinen neuen Begriff ‹Volksglaube› verstand: als ein eingeborenes und unver-
lierbares Vermögen, das man sich zunutze machen oder brach liegenlassen kann,
theologisch gesagt als «fides qua: das Glauben» als Vorgang, und nicht als «fides
quae: der Glaube» als Inhalt. «So ist dieser Begrif», Herder meint die Fortdauer
der Seele nach dem Tod, «als allgemeiner Volksglaube auf der Erde, das Einzige,
das den Menschen im Tode vom Thier unterscheidet.» Glaube als Sehnsucht nach
dem Unendlichen, als Universalie, geprägt vom Universum, als Fingerabdruck des
Schöpfers auf dem Geschöpf, als unauslöschliches Stigma des Menschen. Volksglaube bei Herder hat so wenig mit Volksfrömmigkeit zu tun wie Religion bei
Schleiermacher mit Metaphysik.

«Volkskirche» besteht demnach als typisch romantische «Ahnung» von
etwas, das nicht ist, sondern kommt, als Leitmotiv und Zielvorstellung, die Verhalten jetzt bestimmt, um dann einmal in Erscheinung zu treten, als Utopie, «die

17 A. a. O., 45.
18 A. a. O., 65.

allen in die Kindheit scheint und worin noch niemand war»[19]. Sehnsucht ist der wesentliche Antrieb romantischen Empfindens, Denkens und Gestaltens.[20] Spannung im universalen Bogen von Einst zu Dereinst ist die wesentliche Kraft romantischer Leidenschaft. «Volkskirche» kann 1809 nicht die Kirche gewesen sein, die war, die Kirche der «Gegenwart», erst recht nicht so wenige Jahre nach dem «Reichsdeputationshauptschluss» von 1803,[21] sondern muss die Kirche gewesen sein, die in Gestalt der Sehnsucht nach dem Ganzen, nach Einheit und Identität dereinst kommen würde, die Kirche der «Ahnung»[22].

5. Die ungleichen Enkel der Revolution

Zwei Epochen der deutschen Literatur bilden den kulturellen Kontext des Begriffs «Volkskirche: der «Sturm und Drang» (1765–1785) mit der Entdeckung des «Volks» und dem Wirken Herders und die «Romantik» (1795–1820) mit der Sammlung der «Volksgüter» und dem Wirken Schleiermachers. Der romantische Bogen vom Einst zum Dereinst, die mit ihm verbundene Spannung und Sehnsucht, das darin liegende utopische Potenzial, hat Furore gemacht. Immer neue Wortbildungen nach dem Modell «Volks-…» entstanden, darunter auch solche, in denen der Bogen brach, die Spannung sank, die Sehnsucht verblich, weil das utopische Potenzial ideologisiert und verortet wurde. Hundert Jahre nach Schleier-

---

19   Frei nach Ernst Blochs romantischer Beschreibung der Hoffnung.
20   Vgl. zur umstrittenen Begriffsbestimmung von «Romantik» Helmut Prang (Hg.), Begriffs-
      bestimmung der Romantik mit 22 wissenschaftlichen Aufsätzen der Jahre 1911–68,
      Darmstadt 1968; N. J. Berkowski, Die Romantik in Deutschland, Leningrad/Leipzig
      1973/1979; Christa Gerhard Wolf, Ins Ungebundene gehet eine Sehnsucht. Gesprächsraum
      Romantik mit 11 Beiträgen der Jahre 1972–84, Berlin/Weimar 1985.
21   1803 vom «Immerwährenden Reichstag» in Regensburg verabschiedet und von Kaiser
      Franz II. in Kraft gesetzt, historisch eines der letzten Gesetze des «Heiligen Römischen
      Reiches». Es sprach Fürsten, die infolge der Revolutionswirren «depossediert waren, also
      ihre Besitztümer verloren hatten, eine Abfindung zu, die geäufnet wurde durch zwei Mass-
      nahmen: erstens durch «Mediatisierung, die Unterstellung bisher reichsunmittelbarer Ein-
      heiten, vor allem der «Freien Reichsstädte, unter regionale Einheiten, und zweitens durch
      «Säkularisation, die Auflösung geistlicher Fürstentümer und geistlicher Einheiten, darun-
      ter die Orden. Der Umbau der Herrschaften war folgenreich, abzulesen beispielsweise am
      Münzrecht, vgl. die Differenz in den Anm. 1 und 3. Eine Folge sind bis heute die Staats-
      beiträge an die Kirchen als Ersatz für verlustig gegangene Gewinne aus Territorien und
      Privilegien, in Zürich bis 2009 die «Historischen Rechtstitel».
22   Joseph von Eichendorffs grosser Roman «Ahnung und Gegenwart» war 1811 vollendet
      und erschien 1815; vgl. Matthias Krieg, Lebenswelten. Vierzehn möglicherweise relevante
      Einsichten dank einer Milieustudie, in: David Plüss/Matthias Zeindler (Hg.), Ekklesiolo-
      gie der Volkskirche. Theologische Zugänge in reformierter Perspektive, Zürich 2015, im
      Erscheinen begriffen.

machers Wortschöpfung waren zwei Ideologisierungen unübersehbar geworden: die rechts-nationale und die links-soziale. Doch wo entstanden sie? Zwei Mutmassungen seien hier skizziert.

Für die einen wurde das Volk zum *Träger des Bluts*. 1806 initiierte Napoléon in Paris die «Confédération du Rhin», mit der westdeutsche Territorien aus dem «Heiligen Römischen Reich Deutscher Nation» austraten und sich ihm als ihrem Protektor unterwarfen. Der Bund bestand bis zur «Völkerschlacht bei Leipzig», in der Napoléon 1813 unterlag. Friedrich Ludwig Jahn (1778–1852), der spätere «Turnvater Jahn», besuchte 1807 die Wartburg und hinterliess einen Eintrag im Gästebuch: «Es wird ein anderes Zeitalter für Deutschland kommen, und eine echte Deutschheit wird wieder aufleben.»[23] Das Problem der Einheit und Identität war wieder einmal notiert. 1808 dann verfasste Jahn die Schrift «Deutsches Volksthum», mit deren Überschrift er einen Begriff schuf, der zur Grundlage «völkischen» Denkens werden sollte. Im gleichen Jahr gehörten bis auf Preussen und Österreich bereits alle deutschen Territorien zum napoleonischen Rheinbund. Jahn verstand «Volksthum» als deutsche Übersetzung von «Nation». Damit war das endlich geeinte und seiner selbst bewusste Volk keine Utopie mehr, sondern ein nationalpolitisches Postulat. «Das Heil eines jeden Volks kann nur aus ihm selbst kommen», ist der Grundsatz.[24] Die Definition von Volkstum ist: «das Gemeinsame des Volks, sein inwohnendes Wesen, sein Regen und Leben, seine Wiedererzeugungskraft, seine Fortpflanzungsfähigkeit. Dadurch waltet in allen Volksgliedern ein volksthümliches Denken und Fühlen, Lieben und Hassen, Frohseyn und Trauern. Leiden und Handeln, Entbehren und Geniessen, Hoffen und Sehnen, Ahnen und Glauben.»[25] Entsprechend geisselt Jahn von der «Deutschheit des Volkstums» aus die kulturelle «Ausländerei» der Intellektuellen, grenzt sich ab von «Gaunergesindel, Landstreichern und Schacherjuden», preist Griechen und Deutsche, weil ihr Volkstum «am Höchsten» stehe, als «der Menschheit heilige Völker», unterscheidet in der «Völkerzucht» die «Edelvölker» vom «verächtlichsten Auskehricht des Menschengeschlechts» und prägt die Formel ethnischer Säuberung: «Je reiner ein Volk, je besser; je vermischter, je bandenmässiger.»[26]

Die Identifikation von Volk und Nation, Utopie und Realität hatte Folgen. Die völkisch-nationale Rezeption der romantischen Vorstellung vom Volk mündete letztlich ins Desaster des «Tausendjährigen Reichs».

---

23   Romy Hoehne/Friedrich Ludwig Jahn, Der ‹Turnvater› und seine Rolle in der Bildung einer deutschen Nation (Studienarbeit im Netz), Halle/Wittenberg o. J.

24   Friedrich Ludwig Jahn, Deutsches Volksthum, Lübeck 1810, XI.

25   A. a. O., 7–8.

26   Alle Zitate aus der Einleitung, 3–32.

Für die anderen wurde das Volk zum *Träger der Revolution*: Im offiziellen Lehrmittel für «Staatsbürgerkunde», das an höheren Schulen der «Deutschen Demokratischen Republik» Verwendung fand, findet sich zu Beginn des Kapitels über den «Klassenkampf» ein Abschnitt über «die Rolle der Volksmassen und der Persönlichkeit in der Geschichte»[27]. Anscheinend stammt der Begriff der «Volksmasse» von Lenin, während Karl Marx und Friedrich Engels von den «Massen» oder den «Massen des Volks» oder den «Massen der Menschheit» schrieben, etwa: «Alle Fortschritte des Geistes waren bisher Fortschritte gegen die Masse der Menschheit, die in eine immer entmenschtere Situation hineingetrieben wurde.»[28] Die vernachlässigte, benachteiligte und ausgebeutete Menschheit «findet die geschichtsgestaltende Rolle der Volksmassen in Zeiten zugespitzter Klassenkämpfe».[29] Sie geht auf die Barrikaden. Dabei ist die Volksmasse gewissermassen der Rohzustand, während das Proletariat und die Arbeiterklasse bereits ein revolutionäres Bewusstsein gewonnen und sich ein dialektisches Wissen angeeignet haben.

Auch hier hatte eine Identifikation Folgen, jene von Volk und Ausgebeuteten, Utopie und Kampf. Letztlich endete auch sie in einem Desaster, dem des Stalinismus.

6. Bijouterie oder Kleingeld?

Was als *Utopie* gedacht war, nämlich als *Vorstellung ohne Verortung*, das wurde als *Ideologie* verortet, nämlich als *Zwangsverwirklichung einer Idee*. Aus dem Volk als Zielvorstellung wurde die national-völkische oder die sozial-proletarische Realität. So zerbrach der wertvolle Fund Herders und seiner Freunde. Aus einer goldenen Wahrheit wurde das blecherne Kleingeld zweier ungedeckter Währungen. Längst sind sie zerfallen. Geblieben aber ist das Wort «Volk».

Was tun? Wie beeinflusst die Wirkungsgeschichte, in diesem Fall die höchst spannungsvolle Geschichte der Verwendung von «Volk» im Zeitraum 1770–1990, die gegenwärtige Verwendung?[30] Riss, was 1945 und 1989 unterging, anderes mit sich? Überschatten schmutzige Verwendungen die sauberen?

---

27 Erich Hahn/Alfred Kosing/Frank Rupprecht, Staatsbürgerkunde. Einführung in die marxistisch-leninistische Philosophie, Ostberlin 1983, 345–355.

28 A. a. O., 347.

29 A. a. O., 348.

30 Vgl. Glossar, a. a. O.: Nach meiner Einschätzung sind von den 67 Lexemen 27 emanzipativ-unideologisch, aber nicht mehr in Gebrauch, während 22 stark ideologisch sind, je 11 davon rechts- bzw. linksideologisch, alle aber auch nicht mehr in Gebrauch («Volksfront» sogar auf beiden Seiten). Bleiben 19 Lexeme, die heute in Gebrauch sind: Von ihnen stammen 1–2 aus der Nazizeit und werden dennoch verwendet. Die verbleibenden 17 haben emanzipativ-unideologischen Charakter. Von ihnen verstehen sich 5 institutionell, in alphabetischer Folge «Volksbank», «Volkshochschule», «Volkskirche», «Volkspartei» und «Volksschule».

Die «Volkskirche» steht als Institution mit dieser hermeneutischen Frage nicht allein: Wie sie müssen sich auch die «Volksbank», die «Volkshochschule», die «Volkspartei» und die «Volksschule» als Institutionen fragen, welchen Sinn das «Volk» in ihrer Wortbildung heute noch haben kann, egal ob als *genitivus subiectivus* ein «Plus des Volkes» oder als *genitivus obiectivus* ein «Plus für das Volk». Nicht darüber reden zu *wollen*, geht nicht, weder nach der Öffnung der Konzentrationslager noch nach den Demonstrationen des Montags. Darüber reden zu *müssen*, ergibt sich aus dem Zustand und der Zukunft der jeweiligen Institution. Doch darüber reden zu *können*? Kein Zweifel, das Volk, wie die Romantik es verstanden hat, war eine *trouvaille* der Geistesgeschichte! Kein Zweifel aber auch, so, wie die Ideologisierungen das Wort malträtiert haben, wurde es zum Kleingeld, zur *feraille* der Weltgeschichte. Ob eine Währungsreform es zu seiner Wahrheit führen könnte?

Was fehlte, wenn die Volkskirche fehlt?

Sonia Frick,
Ärztin im Triemlispital, Zürich

Ohne Volkskirche gäbe es für mich eine wichtige Richtschnur nicht, die sich unabhängig vom Staat oder sonst einer Ausrichtung zur Aufgabe macht, das Wort Gottes zu vertreten, und zwar in der breitesten ethischen Konsequenz. Es fehlte sozusagen die personalisierte westliche Ethik, gerade weil sie für alle offen und für alle da ist. Das mag übertrieben klingen, ist es jedoch für mich nicht. Das omnipräsente Glockengeläut, das in schöner Regelmässigkeit alles durchdringend für alle zu hören ist, ist ein gutes Sinnbild dafür. Ich möchte es nicht missen!

Petra Ivanov,
Journalistin und Schriftstellerin, Zürich

Wenn die Volkskirche fehlt, fehlen Ohren, die hören, was andere nicht hören wollen.
Augen, die sehen, was andere nicht sehen wollen.
Es fehlen Gartenstühle auf der Wiese vor der St. Jakobskirche in Zürich.
Das Kerzenziehen im Kirchgemeindezentrum.
Beiträge an Hilfsprojekte.
Es fehlt eine verlässliche Partnerin.

Jost Wirz
Volkskirche ohne Volk: Was ist zu tun?

Drei Namen als Alternativen

Dem aussenstehenden, unbelasteten und vorwärtsblickenden Kommunikations-
fachmann ist klar, dass der Begriff «Volkskirche» ersetzt werden muss. «Volkskirche» ist nicht mehr zeitgemäss, ist irreführend, ja anmassend – vor allem in einem
Land von Minderheitskirchen. Das Gleiche gilt leider auch für «Landeskirche»,
obwohl diese Bezeichnung weit verbreitet ist.

Ich möchte hier drei Alternativen vorstellen. Alle drei sind in meinen
Augen möglich, aber nur eine – die Variante 3 – ist empfehlenswert. Nur sie ist
zukunftstauglich.

Vorweg noch eine Entwarnung: Eine allfällige Umbenennung hätte nicht
zwingend zur Folge, dass der neue Name unverzüglich in allen Gesetzen und
Verordnungen geändert werden müsste. Die Sprache der Öffentlichkeitsarbeit ist
nicht die gleiche wie diejenige der Juristen.

Variante 1: Kantonalkirche

Der Name «Kantonalkirche» wird heute oft und breit benutzt, und er ist etabliert.
Er deutet darauf hin, dass das Kirchengeschehen in der Schweiz zum grossen Teil
kantonal geregelt ist. Die «Kantonalkirchen» haben vielerorts eine starke Stellung,
sind vom Staat offiziell anerkannt und für die Politik die legitimen Gesprächspartner. Die «Kantonalkirchen» sind autonom und entsprechen dem eidgenössischen
Föderalismusprinzip.

Sie sind deswegen zentralistischen Bemühungen gegenüber kritisch eingestellt
und lassen höchstens lose interkantonale Kooperationen zu. Dies hat natürlich
den Nachteil, dass die Reformierte Kirche in der Schweiz nicht mit einer Stimme
spricht, als Ganzes wenig in Erscheinung tritt und ein uneinheitliches Bild abgibt.
Dies wird sich in Zukunft ändern müssen, wenn sich die Reformierte Kirche im
Wettbewerb der Konfessionen eindeutig profilieren und positionieren möchte.

«Kantonalkirche» ist noch aus einem anderen Grund suboptimal: Der Name suggeriert eine sehr grosse Nähe zum Staat – wie bei einer Kantonalbank. «Kantonalkirche» tönt auch nach Bürokratie, Administration und Verwaltung. Die inhaltlichen, geistlichen und emotionalen Komponenten fehlen völlig. Darum ist diese Variante *nicht empfehlenswert*.

Variante 2: Evangelische Kirche

Hier offeriert sich das Gegenstück zur «Kantonalkirche». «Evangelische Kirche» betont den Glauben, den Inhalt, das Gemüt, sind es doch die Evangelien, mit deren Hilfe die meisten interessierten Menschen Zugang zum ehemaligen Protestantismus finden. Kein Wunder, ist diese Bezeichnung in vielen Gegenden der Welt fest verankert. Kein Wunder auch, dass einzelne Schweizer «Kantonalkirchen» und Kirchgemeinden an dieser Namensgebung hängen.

Aber «Evangelische Kirche» klingt für hiesige Ohren doch sehr deutsch, und der Name bringt keine Alleinstellung, da sich auch andere Gruppierungen und Konfessionen aufs Evangelium beziehen.

Überdies besteht die Gefahr, mit evangelikalen Freikirchen verwechselt zu werden, heisst doch deren Dachorganisation SEA «Schweizerische Evangelische Allianz». Der Unterschied von «evangelisch» und «evangelikal» ist erklärungsbedürftig und erschwert die Kommunikation.

Fazit: *nicht empfehlenswert*.

Variante 3: Reformierte Kirche

Dies ist der richtige, zukunftsfähige und deswegen empfehlenswerte Ansatz. Er erlaubt die unterschiedlichsten Anwendungen auf allen Ebenen: «Reformierte Kirche Oerlikon» (heute), oder «Reformierte Kirche Stadt Zürich» (morgen), «Reformierte Kirche Kanton Zürich» oder «Reformierte Kirche Schweiz».

Der entscheidende Punkt, der für «Reformierte Kirche» spricht, ist aber der folgende: Für die Reformierten ist die Reformation das zentrale Element. Mehr noch, die Reformation macht die einzigartige und hervorragende Qualität und das prägende Unterscheidungsmerkmal dieser Konfession aus.

Der reformierte Glaube ist undogmatisch und lebendig. Er setzt auf mündige und urteilsfähige Menschen. Was geschieht, wenn eine Konfession erstarrt ist und sich nicht wandelt, lässt sich in der heutigen Welt nur allzu gut beobachten. Die «Reformierte Kirche» ist der Ort, wo sich Traditionelles und Bewährtes mit Neuem und Aktuellem mischt. Hier treffen sich aufgeklärte Menschen.

Klarer Fall also.

B – Auftrag und Zukunft

Was fehlte, wenn die Volkskirche fehlt?

Corine Mauch,
Stadtpräsidentin, Zürich

Die Reformation liess in Zürich eine Staatskirche entstehen, zu der über Jahrhunderte alle Bürgerinnen und Bürger ganz selbstverständlich gehörten. Heute ist Zürich eine multikulturelle und darum auch eine multireligiöse Stadt. Das reformierte Kirchenvolk ist in der Minderheit, und die Gruppe der religiös ungebundenen oder religionslosen Menschen wächst. Das Konzept der Volkskirche aber bleibt relevant, insofern sie nach dem Wohl der Menschen und ihrer Gemeinschaft fragt und die Vielfalt von Glaubens- und Lebensformen anerkennt. Und demokratisch organisiert ist! Gerade in einer Zeit, die von ethischer Beliebigkeit geprägt ist und religiösen Fundamentalismus hervorbringt, der selbst vor extremer Gewalt nicht zurückschreckt, gewinnen die Errungenschaften der Volkskirche an Bedeutung.

Jöri Schwärzel,
Geograf und Landammann, Klosters

Die Volkskirche hilft, unsere Gesellschaft zusammenzuhalten. Sie gibt vielen Menschen Halt, die nach dem Sinn im Leben suchen. Ohne eine demokratisch legitimierte Volkskirche sind Suchende noch stärker gefährdet, durch falsche «Prediger» verführt zu werden.

Martin Rose
Volk im Alten Testament
Ein Auswählen unter Gegebenem

1. Vom Standort zum Zwischenhalt

«Niemand war schon immer da» – so kann man es im Landesmuseum am Zürcher Platzspitz lesen. Eine nüchterne und kritische Lektüre der Geschichte des Schweizer Volks kann vor der Migration nicht die Augen verschliessen. Den Besucherinnen und Besuchern der Ausstellung wird eine lange Reihe von Personen vorgestellt, die die Volksgeschichte geprägt haben: von Rudbot von Habsburg über Jean Calvin bis zu Granit Xhaka ... Schweizerinnen und Schweizer mit Migrationshintergrund. Und wenn man noch weiter in der Geschichte und Vorgeschichte zurückgeht, dann trifft man etwa auf die eingewanderten Franken und Alemannen ... und letztlich auf die Asylanten der Zwischeneiszeiten. Alle Schweizerinnen und Schweizer, die ihre Eltern und Urelten suchen, werden also konstatieren: «Niemand war schon immer da.»

Ich schon gar nicht. Erst im April 1976 bin ich mit Frau und Tochter in Schwerzenbach ZH angekommen, erst im Oktober 1994 ist uns (als inzwischen fünfköpfiger Familie) die *naturalisation neuchâteloise* dekretiert worden, mit «Heimatort» (französisch: *lieu d'origine*) in Saint-Sulpice NE. Seitdem gehören wir also zu diesem Volk, und die deutsche Staatsbürgerschaft wurde uns aberkannt: *naturalisation* schafft *origine* ...

Es gilt umzudenken. Verband man traditionellerweise mit «Volk» Ausdrücke wie «schon immer da», «origine» und «Heimatort», so drängt sich heute ein anderes Verstehen auf, das den Akzent besonders auf das Werden und den Wandel in der Geschichte legt. Einen weiteren Aspekt möchte ich allerdings noch hinzufügen: Volk ist immer nur, was unter Gegebenem ausgewählt wird. Oder anders gesagt: Was Volk für den einzelnen bedeutet, erwächst aus dem persönlichen und gemeinschaftlichen Erleben, Nachdenken und Interpretieren von dem, was zurückliegt.

Dies gilt auch für die Schriften, die uns als «Altes Testament» überliefert sind: Wir begegnen dort einer Fülle von Interpretationen, die sehr unterschiedlich akzentuieren, was den verschiedenen Schriftstellern – auswählend – als konstitutiv für das Verständnis von «Volk» erschien. Von dieser jahrhundertelangen Interpretationsgeschichte können hier nur wenige Zwischenhalte skizzenhaft nachgezeichnet werden.[1] Ich beginne bei Ezechiel, Priestersohn, vermutlich auch Priesterenkel, der in seiner Heimatstadt Jerusalem noch etwas von der guten alten Zeit erlebt hatte, bevor er im Jahr 597 zusammen mit König Jehojachin und den «oberen Zehntausend» (2Kön 24,14) nach Babylon deportiert wurde.[2]

2. Vom Zelebrieren zum Suchen und Fragen

Selbstverständliches war zusammengebrochen. Am eigenen Leibe hatte Ezechiel erfahren müssen, wie das Volk auseinandergerissen worden war: Die Elite, die herrscherliche, die militärische, die priesterliche, die wirtschaftliche, die intellektuelle, war nun im babylonischen Exil; die Plebs mit einem Marionettenkönig, Zidkijahu, weiterhin im angestammten Land Juda. Wie ist das «Volk» jetzt zu definieren? Durch seine *crème*, wenn auch diese nun im fernen Ausland weilt, oder durch den «grossen Lümmel»[3], der sich seitdem im Land der Väter breitmacht und für überaus wichtig nimmt?

Für Ezechiel muss der Prozess des Umdenkens hart und langwierig gewesen sein. Wir können ihn zwar heute nicht mehr in seinen einzelnen Phasen mit Sicherheit rekonstruieren, denn der Prophet wie auch seine Schüler («Redaktoren») haben offensichtlich über viele Perioden hinweg den Text immer wieder überarbeitet, interpretiert und korrigiert. Doch der Prozess als solcher ist unverkennbar und überdies durch die 13 (bzw. 14) Datierungen im Text literarisch klar markiert (1,1; 8,1; 20,1; 24,1; 26,1 usw.). In einer ersten Phase wird Ezechiel davon aus-

---

1   Das Thema des «Gottesvolks» hatte ich für meine Neuenburger Antrittsvorlesung von 1985 gewählt: «Le peuple de Dieu» – Un concept de l'Ancien Testament comme archétype et prototype de l'Eglise, in: Revue de Théologie et de Philosophie 119, 1987, 133–147. Die Versuchung war gross für mich, die darin vorgetragenen Überlegungen zum Verständnis von «Volk» im Alten Testament hier einfach ins Deutsche (zurück) zu übersetzen, aber dann hätte ich den Grundgedanken vom Werden und Wandel völlig verfehlt. So wähle ich in diesem Beitrag einen anderen Ansatz und eine andere Struktur.

2   Dieser Einstieg mit Ezechiel mag überraschen. In der Tat wird traditionellerweise mit der Vor- und Frühgeschichte Israels begonnen, so z. B. in der Dissertation von Kenton L. Sparks, die bei der ägyptischen Merneptah-Stele und dem richterlichen Debora-Lied beginnt und den historischen Weg bei Esra-Nehemia beendet: Ethnicity and Identity in Ancient Israel. Prolegomena to the Study of Ethnic Sentiments and Their Expression in the Hebrew Bible, Winona Lake, Indiana, 1998. Bei der «Ersten Deportation» zu beginnen, will keineswegs suggerieren, dass es vorher kein Volksbewusstsein gegeben habe; ich vertrete aber die These, dass erst in dieser Krisenzeit die Frage des «Volks» grundsätzlicher reflektiert worden ist.

3   Vgl. den Beitrag von Matthias Krieg.

gegangen sein, dass sein Exil im unreinen Land nicht ewig dauere, sondern dass er eines Tages am Jerusalemer Tempel, am heiligen Ort, zu seiner priesterlichen Bestimmung und Funktion käme. Für den Priestersohn und zukünftigen Priester war ein immer wieder erneuertes Wirklichwerden des Volks nur in der Gegenwart seines Gottes denkbar, insbesondere bei den Opferhandlungen der verschiedensten Kategorien. Nur so – kultisch zelebriert – war für ihn «Volk» im besten Sinne denkbar: «Sie werden mir Volk sein, und ich werde ihnen Gott sein», sagt Gott an verschiedenen Stellen im Buch Ezechiel (11,20; 14,11; 36,28; 37,23.27).

Dieser priesterliche Weg ist Ezechiel jedoch definitiv versperrt geblieben. Die Nachricht von der Zerstörung Jerusalems, des Tempels und des ganzen Königreichs Juda (im Jahr 587) erreichte auch die Deportierten in Babylon (33,21). Für Ezechiel wurde klar: Die «Herrlichkeit Jahwes» hatte den Tempel verlassen (10,19; 11,22–23), die Menschen dort blieben ohne Gottesgegenwart ... Ein Volk konnte dies nicht mehr sein, das Volk war tot! Der Prophet sieht in dem, was vom Volk übrig geblieben ist, nur «vertrocknete Gebeine» (37,4).[4] Er vertraut aber der Schöpferkraft Gottes, der aus toten Resten wieder eine «sehr, sehr grosse Menge» (37,10) machen und als «mein Volk» bezeichnen wird (37,12.13), heimgekehrt auf «Israels Boden» (37,12) und mit einem «Heiligtum für immer in ihrer Mitte» (37,28; vgl. Ez 40–48). Letztlich bleibt Ezechiel also beim priesterlichen Verständnis von «Volk»: Für ihn ist ein Volk ohne die Gottesgegenwart im Heiligtum undenkbar.

3. Vom Regieren zum Proklamieren und Stellvertreten

Von den «oberen Zehntausend» der ersten Deportation von 597 ist uns nicht nur die priesterliche Stimme eines Ezechiel erhalten geblieben, sondern auch ein Literaturwerk aus dem Milieu des Königshofs Jehojachins: das sogenannte «Deuteronomistische Geschichtswerk» (Dtn, Jos, Ri, 1–2Sam, 1–2Kön).[5] Gebildete Schreibkundige, die offensichtlich Zugang zu Annalentexten und zur Hofliteratur hatten, zeichnen die Geschichte ihres Volkes nach und deuten sie in einer bemerkenswert profilierten, kritischen und selbstkritischen Weise. Ihr Verständnis von

---

4 Vgl. Franz D. Hubmann, «Ezechiel 37,1–14 in der neueren Forschung», in: Irmtraud Fischer/Ursula Rapp/Johannes Schiller (Hg.), Auf den Spuren der schriftgelehrten Weisen (Beihefte zur Zeitschrift für die alttestamentliche Wissenschaft 331), Berlin 2003, 111–128.

5 Diese Hypothese, die Grundform des «Deuteronomistischen Geschichtswerks» mit der ersten Deportation in Beziehung zu setzen, habe ich in meinem Beitrag «Idéologie deutéronomiste et théologie de l'Ancien Testament» dargestellt und begründet; in: Albert de Pury/Thomas Römer/Jean-Daniel Macchi (Hg.), Israël construit son histoire. L'historiographie deutéronomiste à la lumière des recherches récentes, Genève 1996, 445–476, bes. 460–461.

«Volk» – auf die Geschichte zurückblickend und sehr zaghaft auf eine eventuelle Erneuerung vorausblickend – artikuliert sich vor allem anhand von zwei Begriffen: Land und Recht. Im Moment des Exils und des Landverlusts lassen sie ihre Geschichte unmittelbar vor der Landnahme beginnen: mit der Abschiedsrede von Mose, seinem «Testament», das das Miteinanderleben im (zukünftigen) Land rechtlich zu regeln unternimmt. Diese «Deuteronomisten» der ersten Deportation haben in ihr Geschichtswerk allerdings nicht nur eine ältere Gesetzessammlung (Dtn 12–25) als «Landes-Gesetz» (vgl. Dtn 5,31) programmatisch integriert,[6] sondern zeigen sich auch von der prophetischen Tradition überaus stark geprägt: Der «Prophet» Natan wird zum Kritiker von König David (2Sam 7,4–7; 12,1–14); Elija wird von König Achab als «Feind», als unerbittlicher Oppositioneller empfunden (1Kön 21,20; vgl. 1Kön 17–19); Elischa wird mit dem Königssturz in Aram (2Kön 8,7–15) und in Israel (9,1–37) in Verbindung gebracht; Jesaja wird zum kritischen Berater des Königs Chiskijahu (2Kön 19–20). Abschliessend und zusammenfassend wird in 2Kön 24,2 formuliert, dass die Unheilsgeschichte des Volks in den Ankündigungen der Propheten, der «Diener» Gottes, vorgezeichnet war.

Was «Volk» ist, zeigt sich also nicht so sehr aus der Perspektive der Regierenden (der ohnehin Machtlosen in der Situation des Exils), sondern aus der der Proklamierenden: derer, die im Wort und im Namen Gottes weisen und zurechtweisen. Sie übernehmen existenziell die Ambivalenz des Worts: seine Macht und seine Ohnmacht. Sie machen Mose zu ihrem Prototyp, zum «Propheten» par excellence (Dtn 18,9–22). Dabei zeichnet sich der Aspekt der Stellvertretung ab: Mose muss vor Gott solidarisch und exemplarisch für sein Volk einstehen (Dtn 3,23–27; 1,37; 4,21–22; 9,19–20).[7]

Das Bild eines Volks, das durch seinen Anspruch auf ein «Land» definiert war (*ius soli*), tritt also zurück. Landbesitz, einst selbstverständliches, sozusagen verbürgtes Recht, wird mehr und mehr als verpflichtende Gottesgabe gesehen, als Chance, die aber letztlich verspielt worden ist. Für das «Volk» wird eine neue Definition gesucht, eine personale, die in der prophetischen Stellvertretung ihr besonderes Profil findet.

---

6   Diese Aufnahme und Integration des Gesetzesmaterials habe ich in meinem Deuteronomium-Kommentar der dritten, frühexilischen Phase («Schicht III») der Entstehung dieses biblischen Buches zugeschrieben: 5. Mose (Zürcher Bibelkommentare 5.1 und 5.2), Zürich 1994, 422, 439, 441 u. ö.

7   Zur Entwicklung dieses Stellvertretungsgedankens vgl. Rose, 5. Mose, 413, 485, 498 u. 510. Zeitlich etwas später und dann markant akzentuiert findet sich in den Gottesknecht-Liedern des «Deutero-Jesaja» dieser Gedanke als stellvertretendes Leiden wieder: «durch seine Wunden haben wir Heilung erfahren» (Jes 53,5).

4. Vom Familiären zum Menschheitlichen und Universalen

Nicht alle Propheten konnten dem Prototyp und Modell, das mit Mose vorge-zeichnet war, genügen, vermutlich sogar je länger desto weniger (vgl. z. B. Sach 13,2–6). So zerbröckelte langsam dieses prophetische Verständnis von «Volk», und für die nationale Zusammengehörigkeit musste – anstelle des gemeinsamen Landbesitzes und der gemeinsamen Verantwortung – eine andere Orientierung gefunden werden: im Postulat des gemeinsamen «Blutes» (*ius sanguinis*), des gemeinsamen Ahnherrn[8] – aus der Zeit *vor* allen historischen, politischen und militärischen Realitäten, *vor* den Königreichen Israel und Juda,[9] *vor* allen amts-mässigen Stellvertretungen im Volk (Richter, Könige, Priester, Propheten; vgl. Dtn 16,18–18,22), *vor* Mose und der Volkwerdung durch den Exodus aus Ägypten und durch den Bundesschluss am Horeb-Sinai.[10]

Dieser erste, postulierte Urvater des Volks war Jakob, auch «Israel» genannt (Gen 32,29), Vater von zwölf Söhnen und einer Tochter (Gen 29,31–30,24; 35,16–26). Die zwölf Söhne sollten die zwölf Stämme des Volks repräsentieren, wobei dem späteren Königreich Israel zehn Stämme zugewiesen wurden und dem Königreich Juda zwei (1Kön 11,29–39). Diese Jakob-Urvater-Tradition hat ihre Wurzeln unverkennbar im Nordreich «Israel»;[11] das Südreich «Juda» gilt nur als Sohn, als «Abkömmling» des Urvaters Jakob-Israel.

---

8   In diesem Punkt kommt man sogar der etymologischen Grundbedeutung des hebräischen Wortes «'am» für «Volk» nahe, das ursprünglich die «Verwandtschaft» von Vatersseite bezeichnet; vgl. Edouard Lipinski, Art. «'am», in: Theologisches Wörterbuch zum Alten Testament VI, 1987, 180: «Es handelt sich um ein Nomen der Verwandtschaft zum Aus-druck eines agnatischen Verhältnisses.»

9   Dieses Konzept der Geschichtsschreibung «nach rückwärts» habe ich in meiner Zürcher Habilitationsschrift dargelegt und begründet: Deuteronomist und Jahwist. Untersuchungen zu den Berührungspunkten beider Literaturwerke (Abhandlungen zur Theologie des Alten und Neuen Testaments 67), Zürich 1981; vgl. auch die kurze Skizze auf Französisch: «La croissance du corpus historiographique de la Bible – Une proposition», in: Revue de Théo-logie et de Philosophie 118, 1986, 217–236.

10   Vgl. auch Dtn 26,17–18: «Jahwe hast du heute erklären lassen, dass er (mit allen Konse-quenzen) dein Gott sein wolle [...]. Und Jahwe hat dich heute erklären lassen, dass du (mit allen Konsequenzen) sein Eigentumsvolk sein wollest»; Martin Rose, 5. Mose, 364.

11   Kristin Weingart dagegen möchte in ihrer Tübinger Dissertation die Idee verteidigen, dass der Name «Israel» auf eine «Abstammungsgemeinschaft» verweist, zu der ursprünglich das «Stämmevolk» aus Israel *und* Juda gemeinsam und in gleicher Weise gehört habe: Stäm-mevolk – Staatsvolk – Gottesvolk? Studien zur Verwendung des Israel-Namens im Alten Testament (Forschungen zum Alten Testament II,68), Tübingen 2014, 365: «Ethnos, kon-kret einer aus (12) Stämmen zusammengesetzten Abstammungsgemeinschaft, die die politi-sche Teilung Nord- und Südreich transzendierte, in Nord-Israel wie in Juda gleichermassen als Alltagsgewissheit präsupponiert [...] werden konnte.»

Es verwundert nicht weiter, dass die judäischen Geschichtsschreiber es vorgezogen haben, diesem eher «nördlichen» Jakob noch einen Ahnherrn voranzustellen: Abraham, dessen Traditionen im judäischen Hebron-Mamre verankert sind (Gen 13,18; 14,23.24; 18,1–15 usw.). Längst *vor* dem Auszug Israels aus Ägypten (Ex 12–14), längst auch *vor* Jakobs Flucht aus Beer-Scheba (Gen 28) gab es schon Abrahams Exodus, und zwar ein Verlassen von «Boden» und «Blut»: «Geh aus deinem Land und aus deiner Verwandtschaft und aus dem Haus deines Vaters.» (Gen 12,1). Er soll sein Vaterhaus und sein Volk verlassen, um ein neues Vaterhaus und ein neues Volk zu konstituieren: «Deine Nachkommen will ich [so zahlreich] machen wie den Staub der Erde.» (Gen 13,16). «Blicke auf zum Himmel und zähle die Sterne [...]. So [zahlreich] werden deine Nachkommen sein.» (Gen 15,5).

Volksgeschichte wird als Familiengeschichte erzählt, pointiert und konzentriert in der Sorge, einen Sohn, einen «Stammhalter», zu haben und das Erbe, den «Segen», an den «Erstgeborenen» weiterzugeben. Die Abraham-Geschichten greifen dabei auf uraltes Erzählmaterial zurück, aber dessen archaische, patriarchale Sicht vom *ius sanguinis* wird nicht einfach naiv und traditionell aufgenommen, sondern gleichsam nur in gebrochener Form: Denn eigentlich und biologisch ist nicht Isaak der Erstgeborene Abrahams, sondern Ismael (Gen 16; 21). Familie und Volk als «Familie» ist also keinesfalls nur eine Frage des Bluts, sondern auch des Willens (*si Dominus voluerit*: Jak 4,15), auf geraden oder auf krummen Linien Volksgeschichte zu schreiben.

«Abraham ist unser Vater», so sagen alle Juden, diejenigen im Babylonischen Exil (Jes 51,2) wie auch diejenigen, die nicht deportiert worden sind (Ez 33,24); diejenigen, die mit Jesus diskutieren (Mt 3,9), und auch Paulus zu seinen Gegnern (2Kor 11,22); diejenigen, die in einer amerikanischen Synagoge beten, wie diejenigen, die heute im Staat Israel leben. Man sollte allerdings nicht vergessen, dass das «Jahwistische Geschichtswerk» im Buch Genesis nicht mit diesem Ahnherrn Abraham einsetzt, sondern bis auf Adam und Eva zurückgreift (Gen 2,4b-3,24), um letztlich zu sagen: «Adam ist unser Vater, Eva ist unsere Mutter.»[12] Damit wird alles das, was auch immer ein Volk ausmachen kann, kategorisch in das Menschheitliche und Universale eingebunden. Nicht, damit die Besonderheiten des jeweils Volkshaften negiert würden (auch nicht die des eigenen, jüdischen Volks), aber sie werden fundamental relativiert: Das menschheitlich Gemeinsame wird vorrangig vor allen völkischen und nationalen Verschiedenheiten.

---

12 Vgl. Gen 3,20: «Mutter allen Lebens».

5. Zwischen xenophober Ethnie und xenophiler Diaspora

Mit der universalen Sicht des «Jahwistischen Geschichtswerkes» ist ein enormer Felsbrocken in den ruhigen Tümpel völkischer Selbstgenügsamkeit geworfen worden. Es ist wenig überraschend, dass dieses «jahwistische» Konzept eine Art von korrigierender Gegendarstellung auf den Plan gerufen hat: das «Priesterschriftliche Geschichtswerk».[13] Hinter den weiten, universalen Rahmen ist zwar nicht mehr zurückzugehen. Auch dieser «priesterschriftliche» Autor beginnt folglich mit einer Schöpfungsgeschichte (Gen 1,1–2,4a), legt dann aber grosses Gewicht darauf, dass seine genauen Genealogien der Adam-Nachkommen (in Gen 5,1–32 und 11,10–26) auf keinen anderen als auf Abraham zulaufen. Auch hinter die entschiedene Relativierung einer ausschliesslich blutsverwandtschaftlichen Zugehörigkeit zu Abraham (und damit zum «abrahamitischen» Volk) ist nicht mehr zurückzugehen: «Fremde» dürfen integriert werden, aber um den Preis eines Blut-Rituals, der Beschneidung aller männlichen Glieder dieser Gemeinschaft: «Ein männlicher Unbeschnittener aber, der sich nicht am Fleisch seiner Vorhaut beschneiden lässt, der soll aus seiner Sippe getilgt werden». (Gen 17,14)[14]

Es ist ein neuer Versuch, die Zugehörigkeit zum jüdischen Volk zu definieren, und dies im Rückgriff nicht primär auf Vergangenheit und Vorväter, sondern auf gegenwärtige Gewohnheiten und Gebräuche (sozusagen als *ius cultus* oder *ius culturae*[15]). Sieht man jedoch genauer hin, dann wird man feststellen, dass diese Definition nicht so sehr vom Eigenen geprägt ist als vielmehr vom Fremden: von der betonten Abgrenzung gegenüber allem, was man als anders und fremd empfindet. So sind die anderen die «Unbeschnittenen»; sie haben andere Gewohnheiten bei Speisen und Getränken (vgl. Dan 1,8); sie haben eine andere Einstellung zur Proskynese, zum «Kniefall» (vgl. Est 3,2); sie haben keinerlei Bedenken, auch «fremdländische» Frauen zu heiraten (vgl. Neh 13,23–28) usw. Ja, für viele hängt die eigene völkische Identität an solchen Gewohnheiten und Gebräuchen – wie etwa auch am Hornussen, am Schwingen («Hosenlupf») und am Steinstossen (mit dem Unspunnenstein).

---

13 Zu dieser Sicht der Priesterschrift als eines korrigierenden «Konkurrenzwerks» vgl. Martin Rose, Jahwist und Deuteronomist, 328 Anm. 67; Revue de Théologie et de Philosophie 118/3, 1986, 232–233 («œuvre concurrente»).

14 Dies wiederholt sich auch später bei der («priesterschriftlichen») Passa-Gesetzgebung: «Dies ist die Ordnung für das Passa. Kein Fremder darf davon essen. Jeden mit Geld gekauften Sklaven aber sollst du beschneiden. Dann darf er davon essen» (Ex 12,43–44).

15 Ich nehme hier «Kultur» im weitesten Sinne: Traditionen, Konventionen, gemeinschaftliche Praktiken usw. Für eine solche Konstituierung von «Volk» kann an die Thesen des britischen Soziologen Anthony D. Smith erinnert werden: «It is the similarity of cultural attributes in a group that attracts the term *ethnos*»; The Ethnic Origins of Nations, Oxford 1986, 21; insbesondere nennt er als innersten Kern («core») das «quartet of ‹myths, memories, values and symbols›», 15.

Seitens der Intellektuellen, sozusagen der «Theologen», hat man sich darum
bemüht, dieses Volkstümliche in eine systematische Form zu bringen. So ist die
Figur eines Esra entstanden, des «Schriftgelehrten, bewandert in der Weisung (der
Tora) des Mose» (Esr 7,6), der vom persischen Grosskönig den Auftrag erhalten
haben soll, die jüdische Gemeinschaft von Jerusalem und Umgebung neu zu orga-
nisieren (Esr 7,11–26). Er soll das «ganze Volk» versammelt (Neh 8,1), während
sieben Tagen aus dem «Buch der Weisung Gottes» vorgelesen (Neh 8,18) und
einen grossen Bussgottesdienst veranstaltet haben, nachdem sich «die Nachkom-
menschaft Israels von allem Fremden abgesondert hatte» (Neh 9,2). Dann soll er
eine Vertragsunterzeichnung erzielt haben, mit der sich alle «Obersten», «Leviten»
und «Priester», stellvertretend für das «übrige Volk», zur Einhaltung der «Weisung Gottes» verpflichteten (Neh 10). Ob man das hier vorausgesetzte Esra-Gesetz
mit irgendeinem im Alten Testament erhaltenen Gesetzeskorpus gleichsetzen darf,
ist alles andere als klar und in der Forschung nach wie vor umstritten. Auffällig ist
am Text von Nehemia 10, dass über viele Verse hinweg (10,31–40) diverse Einzel-
bestimmungen völlig disparat aufgelistet werden (Mischehen, Sabbat, Holzliefe-
rung für die Schlachtopfer, Erstlinge usw.), die aber vorab in einer pleonastischen
Einleitung totalisiert sind: «alle Gebote Jahwes, unseres Herrn, und seine Rechts-
bestimmungen und seine Satzungen» (10,30).

Was einem unprätentiös als ethnische Gewohnheiten und Gebräuche erscheinen mag, wird also entschieden als Gottes-Gesetz sanktioniert und sakralisiert.
Was anders und fremd ist, muss auch Gott zuwider sein. So verhält sich – in theologischer Verkleidung – eine xenophobe Ethnie. Was für Jerusalem unter dem
sagenhaften Esra dargestellt wird, kann man ähnlich auch für andere jüdische
Gemeinschaften im persischen Grossreich annehmen – auch wenn uns konkrete
Informationen und Dokumente fehlen. Und für andere, nicht-jüdische Volksgrup-
pen dürfte wohl Ähnliches gelten.

Eine gegenläufige Tendenz bezeichne ich als «xenophile Diaspora». Das
heisst nicht, dass die eigene Identität als Volk völlig verloren ginge, bei Weitem
nicht! Aber die Öffnung nach aussen, zum anderen, wiegt mehr als alle Abgren-
zungstendenzen.

Die Situation einer jüdischen Diaspora-Gemeinschaft ist aussergewöhnlich
gut dokumentiert für die Militärkolonie in Elephantine an der Südgrenze Ägyptens. Die Schriftstücke der Papyrusarchive, von denen die ersten in den letzten
Jahren des 19. Jahrhunderts entdeckt wurden, stammen aus der Zeit von 495–399
v. Chr. (Perser-Herrschaft in Ägypten).[16] Die Präsenz von Kolonisten aus Isra-

---

16   Vgl. Ingo Kottsieper, «Die Religionspolitik der Achämeniden und die Juden in Elephan-
     tine», in: R. G. Kratz (Hg.), Religion und Religionskontakte im Zeitalter der Achämeni-
     den (Veröffentlichungen der Wissenschaftlichen Gesellschaft für Theologie 22), Gütersloh
     2002, 150–178.

el-Juda auf dieser Nil-Insel dürfte aber bis ins 7. Jahrhundert zurückreichen.[17] Der epigraphische und archäologische Befund lässt keinen Zweifel daran, dass sie ihren eigenen Tempel besassen (in dem Brandopfer, Rauchopfer und Weihopfer dargebracht wurden – wie auch im Jerusalemer Tempel), dass sie ein Passafest feierten (aber offensichtlich nicht genau entsprechend den in Jerusalem praktizierten Regeln), dass sie über eine Selbstverwaltung mit verschiedenen Ämtern und Funktionen verfügten. Die ethnische Identität war auf viele Faktoren abgestützt. Sie war so selbstverständlich, dass sie nicht durch eine Abgrenzungspolitik abgesichert werden musste.[18] Dies machte die Juden frei, durchaus auch unjüdische Namen, ägyptische und aramäische, zu tragen, sodass jüdische Frauen nicht einfach nur «Objekte» einer patriarchalen und maskulinen Heirats- und Wirtschaftstradition waren, sondern im öffentlichen und privaten Bereich auch selbst initiativ werden konnten, wie es in diesem geographischen Umfeld durchaus eine gewisse Tradition hatte.

Für die Zeit nach 399 v. Chr. verlieren sich die Spuren dieser jüdischen Volksgemeinschaft. Der Grund liegt mit Sicherheit nicht in einer xenophilen Assimilation und im Verlust jeder jüdischen Identität, sondern aller Wahrscheinlichkeit nach ist sie Opfer der ägyptischen Aufstände gegen die Herrschaft der Perser geworden, wobei vermutlich die Chnum-Priesterschaft die treibende Kraft im Kampf gegen die jüdische Gemeinschaft in Elephantine war.

Eine andere jüdische Volksgemeinschaft in Ägypten – unvergleichlich viel grösser und wichtiger – ist für Alexandria belegt. Als Ptolomäus I. (323–282) dort seine neue Hauptstadt gründete und prächtig ausbaute, war von Anfang an eine jüdische Präsenz gegeben:[19] Die ersten Juden waren vielleicht Kriegssklaven, die bei den Bauarbeiten eingesetzt wurden, dann aber auch in der königlichen Verwaltung, in der Diplomatie, in der Wirtschaft und im Handel. Die ältesten jüdischen Zeugnisse stammen aus der Zeit des Ptolomäus II. (282–246): aus der Nekropole von Ibrahimiya, östlich vom jüdischen Quartier der Stadt. Drei Inschriften sind

17   Bazalel Porten, Archives of Elephantine. The Life of an Ancient Jewish Military Colony, Berkeley 1968, 13 u. 119, denkt an die Regierungszeit Manasses (696–642); ich bringe die Anfänge der jüdischen Kolonie in Elephantine mit der Reformpolitik des Joschijahu (639–609) in Verbindung. Martin Rose, Jahwe. Zum Streit um den alttestamentlichen Gottesnamen (Theologische Studien 122), Zürich 1978, 16–22.
18   Abgegrenzt haben sich eher Kreise der einheimischen, ägyptischen Bevölkerung, die eine Mauer um das Wirtschaftsquartier ihres Chnum-Tempels gezogen haben; vgl. Cornelius von Pilgrim, «Textzeugnis und archäologischer Befund: Zur Topographie Elephantines in der 27. Dynastie», in: Heike Guksch/Daniel Polz (Hg.), Stationen. Beiträge zur Kulturgeschichte Ägyptens, Mainz 1998, 485–497; 490: ... um sich «besonders vom gegenüberliegenden jüdischen Viertel abzugrenzen».
19   Sandra Gambetti, «The Jewish Community of Alexandria: the Origins», in: Henoch 29, 2007, 213–240; 233: «Alexandria was actually the only city around the Mediterranean in which the Jews had lived since the time of the foundation.»

noch in aramäischer Schrift, die übrigen auf Griechisch: unverkennbares Zeichen, dass sich die jüdische Gemeinschaft ihrer hellenistischen Umwelt gegenüber öffnete. Die jüdische Bevölkerung in Alexandria ist unaufhörlich gewachsen. Man muss sich nicht eine kleine Minorität vorstellen, sondern sie machte ein Viertel (wenn nicht sogar ein Drittel) der Stadtbevölkerung aus, in römischer Zeit schliesslich rund 150'000 Personen (auf eine Gesamtbevölkerung von 600'000 bis 700'000 Einwohnern)[20] – damit verglichen war Jerusalem nur ein kleines Kaff und seine Bevölkerung zahlenmässig «minoritär» gegenüber der jüdischen Diaspora überall in der antiken Welt!

Das Wechselspiel von Identität und Öffnung in dieser jüdischen Gemeinschaft lässt sich gut an der griechischen Übersetzung ihrer Bibel, der «Septuaginta», studieren, wie auch in dem damit in Zusammenhang stehenden, freilich stark legendäre Züge tragenden Aristeas-Brief. Weitere «deutero-kanonische» und «apokryphe» Schriften sind aller Wahrscheinlichkeit nach ebenfalls in diesem Umfeld redigiert worden, wie die «Oden Salomos», die «Weisheit Salomos», die «Psalmen Salomos», aber auch «Bel» und «Draco», die Zusätze zum Daniel-Buch.

Musterbeispiel dieses weltoffenen Judentums ist jedoch Philo (20/13 v. Chr.-45 n. Chr.), Sohn aus einer der reichsten, aristokratischen Familien Alexandrias, dessen exegetisches und philosophisches Werk weitgehend bis heute erhalten geblieben ist. Die Forschung diskutiert im einzelnen und kontrovers die Frage des Einflusses der griechischen Philosophie auf das Denken Philos: Stoizismus, Platonismus, Neupythagorismus? Mir scheint in diesem Zusammenhang vor allem wichtig, beides im Auge zu behalten: Ansatz und Vorgehen dieses jüdischen Exegeten und Philosophen. Philo stellt sich bewusst in die «Schule» von Mose und will ihr treu bleiben. Aber um dessen Lehren für eine neue Zeit auszulegen, bedient er sich der in seiner Welt gängigen exegetischen Methoden und schafft Querverbindungen zwischen den mosaischen Konzeptionen, wie er sie sieht, und denen der griechischen Philosophie.[21] Er wendet sich kategorisch gegen ein Judentum, das auf der «Blutsverwandtschaft» mit Abraham insistiert, und vertritt eine andere Form von «Verwandtschaft»: diejenige, die sich in der Verehrung des einen und einzigen Gottes manifestiert und die potentiell die ganze Menschheit umfasst.[22]

---

20   Jürgen K. Zangenberg, «Fragile Vielfalt. Beobachtungen zur Sozialgeschichte Alexandrias in hellenistisch-römischer Zeit», in: Biblische Notizen 147, 2010, 107–126, 114: «ca. 120.000 bis 180.000 Juden in der Stadt».

21   Ich habe versucht, die philonische Auslegungsweise am Beispiel des Manna darzustellen: Martin Rose, «Manna: das Brot aus dem Himmel», in: Martin Rose (Hg.), Johannes-Studien. Interdisziplinäre Zugänge zum Johannes-Evangelium, Zürich 1991, 75–107, 89–95: «Die Manna-Auslegung bei Philo von Alexandria».

22   Diese «Verwandtschaft in der Verehrung Gottes» ist von Naoto Umemoto detailliert dargestellt worden: «Juden, ‹Heiden› und das Menschengeschlecht in der Sicht Philons von Alexandria», in: Reinhard Feldmeier/Ulrich Heckel (Hg.), Die Heiden. Juden, Christen und

Vermutlich hat es in Alexandria auch konservativere («fundamentalisti-sche») Kreise in der jüdischen Volksgruppe gegeben, aber die jahrhundertelange und internationale Ausstrahlung des alexandrinischen Judentums verdankt sich eindeutig diesem Milieu, für das weite Öffnung und fundamentale Dialogbereit-schaft die entscheidenden Charakteristika waren. Ich würde sagen: das Selbstbe-wusstsein einer jüdischen Identität war dort so solide und kräftig, dass es keiner schützenden Abgrenzungen bedurfte.

6. Rückblick und Ausblick: Vom Volk ('am) zur Versammlung (qahal, ekklesia)

Dem «Volk» des Alten Testamentes haftet etwas Besonderes an; nicht alles lässt sich auf andere Völker übertragen. Manche Eroberungswellen sind über sein Land hinweggeschwemmt (besonders in den Jahren 732, 722, 702, 609, 597 und 587): Dezimierung des Staatsgebiets, der Bevölkerung, Zerstörung, Flucht und Depor-tation. Unter diesen Bedingungen wurde es zunehmend unmöglich, «Volk» von seinem Landbesitz (*ius soli*) her zu definieren.[23]

Auch die Versuche, dem ganzen «Volk» ('am) einen gemeinsamen «Verwand-ten» ('am) über eine Väterlinie zu geben, über einen Ahnherrn (*ius sanguinis*), zeigten eher eine Diversität als eine Einheit der «Volks»-Traditionen auf: Diver-sität gemäss den «Stämmen» des Volks (jeder mit seinem eigenen Ahnherrn), Konflikte zwischen Nord («Israel») und Süd («Juda»). Wer die Macht oder die Vorherrschaft hatte, unternahm es jeweils, seine Ahnherrn-Tradition durchzuset-zen. Diese fragwürdigen Macht- und Legitimationsversuche wurden schliesslich mit Rückgriff auf die vorjüdische Zeit unterlaufen: Adam ist unser Vater, Eva ist unsere Mutter!

«Volk» ist zur idealen Grösse geworden. Seine konkreten und realen Mani-festationen findet es im Judentum der vorchristlichen Zeit vor allem in der «Ver-sammlung» (*qahal*), genauer: in der jeweiligen Zusammenkunft von Juden, die in ihrer eigenen Gemeinschaft Gemeinsamkeiten erleben, die sie in anderen jüdischen Gemeinschaften nicht finden («Entscheidungsgemeinschaften»[24]). Die wichtigsten

---

das Problem des Fremden (Wissenschaftliche Untersuchungen zum Neuen Testament 70), Tübingen 1994, 22–51.

23 Aber auch schon *vor* der Zeit der grossen Kriegswirren war dies wohl nicht ganz unproble-matisch, da sich das Land dieses Volks in *zwei* Staaten befand, im Nordreich «Israel» und im Südreich «Juda».

24 Im Rahmen seiner Studien zu «Tritojesaja» (Jes 56–66) bedient sich Leszek Ruszkowski immer wieder dieses und ähnlicher Begriffe «Gemeinschaft durch eigene Entscheidung»: Volk und Gemeinde im Wandel. Eine Untersuchung zu Jesaja 56–66 (Forschungen zur Reli-gion und Literatur des Alten und Neuen Testaments 191), Göttingen 2000.

sind diejenigen, die als «Sadduzäer» und «Pharisäer» bezeichnet werden; als dritte kommen die «Essener» hinzu, die besonders durch die Entdeckung der Texte von Qumran (seit 1947) in den Vordergrund der Diskussion gerückt sind. Auch die «hellenistischen» Juden hatten mit Sicherheit ein besonderes Gemeinschaftsbewusstsein entwickelt, denn sie kamen in Jerusalem in ihren eigenen Synagogen zusammen (vgl. Apg 6,9). Ausserdem gibt es viele Anzeichen dafür, dass «Täufer» innerhalb des Judentums ihre eigene Gemeinschaft gebildet haben.[25] Und so haben schliesslich auch «jesuanischen» Juden oder «Christen» mehr und mehr eine eigene «Versammlung» innerhalb des vielgestaltigen und verschieden organisierten Judentums ihrer Zeit gebildet.

Jesus sprach aramäisch, aber mit seinen Jüngern verlagerte sich der Schwerpunkt der Gemeinschaft immer mehr in den griechischsprachigen Raum, und aus hebräisch *qahal* wurde griechisch *ekklesia*, die «Kirche», als konkret lokale Gemeinschaften in ihrer Vielheit (vgl. 1Kor 1,2; 16,1; 2Kor 8,1) – und als universale, «ideale» Grösse in ihrer Einheit (vgl. Eph 1,22; 5,23).[26] «Volk» im Sinn von «Blut» (*ius sanguinis*) und «Boden» (*ius soli*) wird total unwichtig; Gewohnheiten und Gebräuche werden ebenfalls relativiert. Die *ekklesia* sollte sich in erster Linie auf eine alternative «Organisationsform» und auf dessen ethische und existenzielle Konsequenzen hin orientieren: das «Reich Gottes», das nahe herangekommen ist (vgl. Johannes der Täufer in Mt 3,2 und Jesus in 4,17).

---

25 Vgl. Joseph Thomas, Le mouvement baptiste en Palestine et Syrie (150 av. J.-C. - 300 ap. J.-C.), Gembloux 1935.
26 Vgl. Wolfgang Kraus, Das Volk Gottes. Zur Grundlegung der Ekklesiologie bei Paulus (Wissenschaftliche Untersuchungen zum Neuen Testament 85), Tübingen 1996.

Was fehlte, wenn die Volkskirche fehlt?

Christoph Stiefel,
Komponist und Jazzpianist, Zürich

Ohne Volkskirche fehlte ein wichtiger Teil der spirituellen und kulturellen Identität unserer Gesellschaft.

Monika Stocker,
Sozialarbeiterin und Sozialpolitikerin, Zürich

Es ist gut zu wissen, dass es Räume gibt, in denen die Stille einfach da ist.
Es ist gut zu wissen, dass es Orte gibt, wo Menschen sich treffen können.
Es ist gut zu wissen, dass es Zeiten gibt, in denen an Gott gedacht, er gelobt und zu ihm gebetet wird.
Es ist gut zu wissen, dass es Dinge gibt zwischen Himmel und Erde, die so viel grösser sind als das Alltägliche.
Die Volkskirchen zeichnen in unseren Gemeinden eine besondere Landkarte, geben eine besondere Orientierung und schenken eine besondere Energie. Ich bin dankbar, dass es sie gibt.

Ulrich Luz

Volkskirche im Umbruch: Denk mal an das Neue Testament!

Kirche im Neuen Testament

1. Persönliche Einleitung

In den vergangenen fünfzig Jahren, auf die ich zurückblicke, ist mit den reformierten Volkskirchen in der Schweiz Entscheidendes geschehen, das nicht rückgängig zu machen ist. Sie haben drastisch an Bedeutung verloren. Aus der Lebenswirklichkeit vieler ihrer Mitglieder sind sie verschwunden. Ihr Ansehen in der Öffentlichkeit ist gesunken. Volkskirchliche Formen der Frömmigkeit sind erodiert. Das Tischgebet, das abendliche Gebet von Eltern mit ihren Kindern, das Lesen der Losung oder das Erzählen biblischer Geschichten sind aus dem Alltag der Familien weithin verschwunden und haben anderen oder gar keinen Ritualen Platz gemacht. Die einst blühende kirchliche Jugendarbeit, beispielsweise die «Junge Kirche» und die «Sonntagschule», sind in den meisten Gemeinden zusammengebrochen. Nur noch eine Minderheit der Mitglieder unserer Volkskirchen betet zu Gott.[1] Der biblische «Gott» als sinnstiftende Mitte des Lebens hat sich aus der Lebenswirklichkeit vieler Menschen verabschiedet. Die «Religion» scheint aus unseren Volkskirchen ausgewandert.

Am deutlichsten erlebe ich diese Entwicklung in den Sonntagsgottesdiensten. Vor etwas mehr als einem halben Jahrhundert, im Winter 1962–63, war ich Vikar in Wädenswil. Die riesige, wunderschöne Barockkirche war jeden Sonntag gut besetzt. Mehr als dreihundert Menschen versammelten sich an einem «normalen» Sonntag. Links sassen die Frauen, rechts die Männer. Für die Pfarrer, die Mitglieder der Kirchenpflege und den Gemeindepräsidenten waren besondere, gut sichtbare Sitze reserviert. Man konnte so kontrollieren, ob sie da waren. Der Kirchengesang dieser vielen Menschen – natürlich vierstimmig – war grossartig. Die Predigt – von der Kanzel hoch oben – war für mich als Vikar auch eine Mutprobe, aber sie wurde von der Gemeinde und den Pfarrkollegen liebevoll unterstützt und

---

1 Nach einer Umfrage der Boulevardzeitung «20 Minuten» von 2009 beten nur 16,5 % der Schweizer gelegentlich zu Gott.

begleitet. Anschliessend an den Gottesdienst fand der Jugendgottesdienst statt, der damals «Kinderlehre» hiess, mit mehreren hundert Kindern, die frontal angepredigt wurden. Disziplinprobleme hatten wir in Wädenswil kaum; aber nicht überall war das so.

Tempi passati! Seit über dreissig Jahren lebe ich in Laupen im Bernbiet. Als wir dorthin kamen, gehörten meine Frau und ich zu den jüngsten «Gottesdienstbesucherinnen» und «Gottesdienstbesuchern» – was für ein Unwort! Ab und zu sind wir das noch heute. Unser Pfarrer steht an einem normalen Sonntag an der Kirchentür, um die Ankommenden zu begrüssen – zusammen mit der Sigristin und der Kirchgemeinderätin, die gerade «Gottesdienst-Dienst» hat. Sie blicken manchmal verstohlen ins fast menschenleere Städtchen, um zu sehen, wer noch kommt. Sind es an diesem Sonntag mehr als zehn oder sogar mehr als zwanzig? Dann sind es wirklich viele. Kommen auch Leute, die nicht zur ergrauten, weisshaarig oder kahl gewordenen «Kerngemeinde» gehören? Letzthin sass ein solcher, ein aus Deutschland zugezogener Mittvierziger, neben mir. Nach dem Gottesdienst sagte er enttäuscht: «Hier kann man ja nicht einmal richtig singen!» Kein Wunder, in einer Gemeinde von vierzehn alten Menschen! Ich habe ihn seither nie mehr gesehen. In Laupen besteht die Kerngemeinde nur noch aus Restbeständen, soweit sie noch nicht gestorben sind. Sie besteht heute aus etwa dreissig alten Menschen, die mindestens einmal pro Monat in den Sonntagsgottesdienst kommen. Dazu kommen mindestens ebenso viele «Randsiedler», meist Menschen mittleren oder höheren Alters, die ab und zu einmal den Gottesdienst besuchen. Mit all dem will ich nicht sagen, dass es in der Laupener Kirchgemeinde oder locker mit ihr verbunden nicht viel aktives Leben gibt: Es gibt einen sehr aktiven ökumenischen Besuchskreis, ein Team, das Mittagessen und Treffs für Senioren organisiert, einen «Mitenand-Laden», einen florierenden «Gwunder-Laden», in dem nicht mehr gebrauchte Dinge gekauft und verkauft werden können und einen aktiven Kirchgemeinderat, der sich auch um die Gottesdienste Gedanken und Sorgen macht. Ab und zu gibt es gut besuchte Spezialgottesdienste, z. B. auf einem Bauernhof oder im Schloss. Nur eben: Der Sonntagsgottesdienst, einst Mitte und Zentrum kirchlichen Lebens, ist dies längst nicht mehr. Ich will auch nicht behaupten, dass Laupen so etwas der Normalfall einer deutschschweizerischen Kirchgemeinde ist. Es gibt viele Ausnahmen und Inseln, z. B. offene Stadtkirchen, evangelikal geprägte Gemeinden oder konservative Kirchgemeinden in einigen Berggebieten, vor allem aber nicht parochial organisierte Gemeinden wie «Schicksalsgemeinden», «Jugendkirchen», Schwesternschaften, Kommunitäten oder landeskirchliche Gemeinschaften wie «Vineyard» oder «Jahu». Sie werden jedoch oft von parochial und kantonal denkenden Kirchenleitungen nur mit Mühe als «Orte der Kirche» wahrgenommen.

Ist die Volkskirche ein Auslaufmodell? Theologisch gefragt: Hat eine Kirche sich überlebt, deren einzige sichtbaren *notae* nach der Confessio Augustana bzw.

deren *symbola* nach Calvin das rein gelehrte Evangelium und die richtige Verwaltung der Sakramente sind?[2] Oder gilt das nur für ihre Gestalt als parochial und kantonal organisierte Volkskirche? Dann wäre das 21. Jahrhundert eine von Gott geschenkte Gnadenfrist zu ihrem Umbau. Mit all diesen Fragen bin ich als Neutestamentler konfrontiert. Von den Reformatoren hat m. E. Calvin am konsequentesten die Kirche «auf das Fundament der Propheten und Apostel» (Eph 2,20) gestellt. Er hat die Schrift, d. h. «die Lehre der Propheten und Apostel», als «Fundament der Kirche» verstanden und sie auf diesem Fundament neu erbaut.[3] Auch heute kommen wir deshalb nicht darum herum, nach den biblischen Grundlagen der Kirche zu fragen, wenn wir den Reformatoren treu bleiben wollen.

2. Calvin und wir: Unsere neue Sicht auf die Bibel

Unser Blick auf das Neue Testament ist ein anderer als derjenige Calvins. Für Calvins Neukonstruktion der Kirche bildete der Epheserbrief die Grundlage. Die für seine Kirchenvorstellung wichtigste Stelle war Epheser 4,11–12: «Und er selbst hat die einen als Apostel eingesetzt, die anderen als Propheten, andere als Verkündiger des Evangeliums und wieder andere als Hirten und Lehrer, um die Heiligen auszurüsten für die Ausübung ihres Dienstes. So wird der Leib Christi aufgebaut.»[4] Calvin betrachtete dabei nicht nur die Apostel und Propheten, sondern auch die Evangelisten[5] als Inhaber von Ämtern der Anfangszeit bzw. diese als «ausserordentliche» Ämter. Bleibende Ämter, «ohne die die Kirche zu keiner Zeit sein kann», sind dagegen die «Hirten» und die «Lehrer». Das Amt der «Hirten», die Pastoren, entspricht dabei weithin dem der Apostel und der Evangelisten. Sie haben heute das an ihren lokalen Herden zu tun, was einst die Apostel am «ganzen Erdkreis geleistet haben», nämlich das Evangelium zu verkünden und die Sakramente zu verwalten.[6] Das Amt der «Lehrer» aber entspricht demjenigen der Propheten der Anfangszeit. Ihre Aufgabe ist die «Auslegung der Schrift, damit die lautere und gesunde Lehre unter den Gläubigen erhalten bleibe».[7] Calvin ist überzeugt, dass «Gott [...] es selber so eingerichtet hat», und er versucht deshalb auch, alle Aussagen über Ämter in anderen neutestamentlichen Schriften dieser Grundstelle zuzuordnen. Nur bei den Diakonen will ihm dies nicht so recht gelin-

---

2   Vgl. Confessio Augustana VII, Calvin Institutio IV 1,9.
3   Vgl. Institutio I 7,2.
4   Institutio IV 3,1.
5   Zu den «Evangelisten» rechnete er Beauftragte, die zwar nicht Apostel waren, ihnen aber an Würde nahekamen und ihren Dienst an ihrer Stelle verrichteten, z. B. Lukas, Timotheus (vgl. 2Tim 4,5) und vielleicht auch die siebzig Jünger von Lk 10 (Institutio IV 3,4).
6   Vgl. Institutio IV 3,6.
7   Institutio IV 3,4.

gen.[8] Calvin war überzeugt, dass die Schrift in ihren Grundaussagen eine Einheit bildet. Er verstand sie primär als Lehrbuch, als Grundlagenbuch des als rechte Lehre verstandenen christlichen Glaubens.

Für uns ist das anders geworden. Für uns ist die Bibel nicht mehr ein einheitliches Buch, sondern eher eine vielgestaltige Bibliothek. Im Neuen Testament begegnet uns nicht eine klare und eindeutige Lehre über die Kirche, sondern eine Vielzahl von Kirchenbildern, Kirchengeschichten, Kirchenträumen und Kirchenmodellen. Die neutestamentlichen Texte erzählen von Erfahrungen, welche die Menschen im ersten Jahrhundert mit der Kirche und in der Kirche gemacht haben. Sie stammen aus ganz unterschiedlichen Kontexten und Gemeinden. Wir erhalten Einblicke in die früheste Geschichte des Christentums: Vieles hat sich in der kurzen Epoche des ersten Jahrhunderts geändert, auf dem Weg von Galiläa und Jerusalem bis in die Welthauptstadt Rom. Geändert hat sich z. B. das Verhältnis zu Israel: Aus einer jüdischen Reformbewegung wurde eine neue Religion. Die Jesusanhänger verstanden sich zunächst als Juden, vielleicht sogar als wahre Juden. Sie wurden später von Aussenstehenden als eigenständige Gruppe wahrgenommen und verstanden sich dann auch selbst als solche und ihre Gemeinschaft als eigene «Versammlung» des Herrn, als «Kirche».[9] Die Sozialgestalt dieser Gemeinschaft änderte sich: An ihrem Anfang standen wandernde Propheten und Missionare, die in Israel das kommende Gottesreich verkündeten. An verschiedenen Orten, vor allem in Jerusalem, versammelten sich die Jesusanhängerinnen und -anhänger als *chaburah*, als Gemeinschaft, die im Tempel und in Häusern zusammen ass, betete und die Bibel las. Am Ende des ersten Jahrhunderts finden wir in den grossen Städten des römischen Reichs vor allem aus Nichtjuden bestehende Gemeinden, die sich in Privathäusern versammelten und sich selbst als *ekklesiai*, als «Versammlungen» in Analogie zu den städtischen Volksversammlungen, verstanden. Wir hören auch von harten Auseinandersetzungen über die Gestalt der Kirche und von Versuchen, in Konflikten einen gemeinsamen Weg zu finden. Was bedeutet das für uns, die wir den Auftrag haben, uns beim Aufbau der Kirche «allein an der Schrift» zu orientieren? Es bedeutet eine grosse Schwierigkeit: Woran sollen wir uns orientieren? An Jesus? An Paulus? An Matthäus? An Johannes? An ihren Nachfahren?

Eine zweite Schwierigkeit kommt hinzu: Verstehen wir die einzelnen neutestamentlichen Kirchenbilder, die heute in der «Bibliothek» namens Neues Testament überliefert sind, in ihren eigenen Kontexten, so befreit uns das von der

---

8   Vgl. Institutio IV 3,7.
9   Das Wort für «Kirche» in den meisten Sprachen der lateinischen Sprachfamilie ist vom griechischen Lehnwort *ecclesia* abgeleitet (Versammlung), z. B. französisch *église*, italienisch *chiesa*, spanisch *iglesia*. Das deutsche Wort *Kirche* und das englische Wort *church* sind vom griechischen Wort *kyriakē (basilikē)* abgeleitet (zum Herrn gehörige Basilika). Von *basilike* bzw. lateinisch *basilica* (Markthalle) ist das rätoromanische *baselgia* abgeleitet.

Notwndigkeit, sie zu harmonisieren. Jedes Kirchenbild und jeder einzelne neutestamentliche Zeuge darf dann sein eigenes Profil und seine besonderen Ecken und Kanten behalten. Wir werden beispielsweise von der Notwendigkeit frei, den Juden Jesus, den Gott zu Israel gesandt hat, zum ersten Christen und zum Gründer der christlichen Kirche zu machen – beides war er nicht! Wir können die Radikalität des matthäischen Kirchenbilds ernst nehmen: Kirche sein heisst bei Matthäus, bei Jesus in die Schule gehen, Jesus als Modell des eigenen Lebens übernehmen, den Willen des Vaters tun. Auf das «Herr, Herr»-Sagen (Mt 7,21), d. h. auf das richtige Bekenntnis, kommt es gerade nicht an. Oder wir erkennen die Besonderheit des johanneischen Kirchenbilds: Kirche wird allein von «oben» verstanden. Kirche sein heisst, als Schosse im Weinstock, der Christus ist, zu leben. Dieses Leben wird in der geschwisterlichen Liebe sichtbar (Joh 15,1–11). Von allem anderen spricht Johannes nicht, ja, nicht einmal das Wort «Kirche» braucht er. Vielleicht haben Mystiker die Tiefe des Johannesevangeliums am besten verstanden, und die täuferischen Bauern im Emmental haben wahrscheinlich Matthäus besser verstanden als die Reformatoren in der Stadt Bern. Wir lernen so, dass die Bibel nicht nur unsere Bibel, sondern auch und vielleicht vor allem die Bibel «der anderen» ist. Auch Paulus ist nicht nur der «Vater» der Protestanten, sondern «Vater» auch der charismatischen Bewegungen und der Pfingstkirchen, in reformatorischer Terminologie: Vater der sogenannten «Schwärmer». Dies gilt wenigstens dann, wenn man den ganzen Paulus beachtet und ihn nicht einseitig als Rechtfertigungstheologen versteht. Wenn wir die nicht von Paulus stammenden späteren Briefe an Timotheus und Titus, ihr Verständnis von Tradition und ihr Amtsverständnis ernst nehmen, so entdecken wir nicht nur, dass auch die katholischen und orthodoxen Amtskirchen ihre Wurzeln im Neuen Testament haben, sondern auch, dass unsere protestantischen Pfarrer- und Theologenkirchen diesem Kirchenmodell näherstehen, als manchen lieb ist. Kurz: Wenn wir die neutestamentlichen Kirchenbilder nicht mehr harmonisieren und damit auch an unsere eigenen Vorstellungen von Kirche anpassen, sondern mit ihren Ecken und Kanten stehen lassen, so entdecken wir, dass sie uns in vielem ferner stehen, als uns lieb ist. So einfach, wie das oft geschah und geschieht, können wir unsere eigenen Kirchen nicht mithilfe des Neuen Testaments legitimieren.

Eine dritte Schwierigkeit: Für Calvin, vor allem aber für seine Nachfahren in der zweiten Hälfte des 16. und im 17. Jahrhunderts, unsere orthodoxen Väter, war die Bibel in erster Linie ein Lehrbuch. Sie verstanden «Glauben» primär als «Rechtgläubigkeit» und entnahmen ihr die Grundlagen der rechten Lehre über Gott, Christus, die Schöpfung, die Erlösung und auch über die Kirche. Für uns ist die Bibel heute in erster Linie ein Geschichtenbuch. Sie erzählt Geschichten von Jesus. Sie erzählt in den Evangelien die ganze Geschichte Jesu Christi mit dem Gott Israels in vier unterschiedlichen Fassungen. Die Bibel erzählt sodann in der Apostelgeschichte vom Weg der Jesusjünger von Jerusalem in die Welthauptstadt

Rom. Sie erzählt vom Apostel Paulus, dem für Protestanten wichtigsten Apostel, aber so, dass sie ihn in die Gemeinschaft aller Apostel und der ganzen Kirche einbettet. Sie erzählt in der Apokalypse die Geschichte von dem, «was ist und was nach diesem geschehen wird» (1,19) in einer Perspektive, die zugleich eine himmlische Perspektive von oben und eine irdische Perspektive von ganz unten, von den Rändern der damaligen städtischen Gesellschaften, ist. Die biblischen Geschichten können bewegen, motivieren, inspirieren, anregen, faszinieren und abstossen, aber man kann sie nicht eins zu eins «anwenden». Wenn man eine Geschichte in einer «Lehre» zusammenfasst, zerstört man ihre Kraft. Was heisst es nun für uns, sich an Geschichten zu orientieren? Auch das bedeutet eine grosse Schwierigkeit. Denn es gibt keine «allein richtigen» Aktualisierungen biblischer Geschichten.

Hinzu kommt eine vierte Schwierigkeit. Wir Heutigen wissen und erfahren, dass wir Nachgeborene sind. Wir können, wenn wir Kirche bauen, nicht beim Punkt Null anfangen. Wir können uns nicht «allein» an der Bibel orientieren, wie dies die Reformatoren zu können meinten. Neben der Bibel ist uns auch anderes vorgegeben. Zum Beispiel die Trennung von Israel und die ganze Last einer langen, christlich-jüdischen Konfliktgeschichte. Oder Kirchenbauten und Kathedralen, die viele heute gerne loswerden möchten, wenn das Geld knapper wird. Oder auch die Kirchensteuern, die im Blick auf die vielen Verpflichtungen, welche die Kirche heute hat, so bequem sind und die doch die persönliche Identifikation des Einzelnen mit der Kirche zerstören können, denn man zahlt Steuern für Serviceleistungen, um die man sich selbst nicht zu kümmern braucht.[10] Zu dem, was uns vorgegeben ist, gehört auch die Volkskirche mit ihren parochialen Grundstrukturen und ihren Kirchenparlamenten, die lange eine Stütze des kirchlichen Lebens waren, aber vielleicht auch einmal zum Korsett werden könnten. Vorgegeben ist uns schliesslich auch die reformatorische Ekklesiologie, die einst den Blick auf das, was für eine Kirche wesentlich ist, nämlich Wort und Sakrament, konzentrieren wollte, aber damit zugleich auch alles, was mit der sichtbaren Gestalt von Kirchen zusammenhängt, z. B. die Gemeinschaft, die Praxis der Kirche oder die Finanzen, für nicht so wesentlich erklärte. Und schliesslich sind konfessionelle Spaltungen vorgegeben, deren Sinn heute sehr viele Menschen nicht mehr verstehen. Alles das ist uns vorgegeben. Alles das können wir nicht einfach beseitigen, um uns «allein» an der Bibel zu orientieren.

Das ist aber nur die eine Seite der Medaille. Die Bibel als Bibliothek, die uns heute mit einer Vielfalt von Kirchenbildern, von Visionen, Träumen, Geschichten, Modellen und Erfahrungen rund um die Kirche konfrontiert, ist zugleich ein Lebensbuch. Sie gibt uns in unseren eigenen Versuchen, Kirche zu gestalten, Impulse und Inspirationen. Sie gibt diesen Versuchen auch eine Richtung, aber sie

---

10 Wenn es im NT einen «gemeinsamen Nenner» in allen Aussagen über Geld und Finanzen der Kirchen gibt, dann ist es das Prinzip der Freiwilligkeit.

lässt zugleich die Freiheit, eigene Wege zu finden. Die Bibel als Buch mit vielfältigen und vielfarbigen Geschichten von Jesus Christus und der Kirche «motiviert» dazu. Das heisst wörtlich: Sie «setzt in Bewegung», im eigenen Kontext an den Kirchen zu bauen und sie im Dialog mit dem Neuen Testament biblischer und lebendiger zu machen. Die Vielfalt neutestamentlicher Kirchenbilder nimmt uns auch die Last ab, die einzig wahre Kirche sein zu müssen. Die neutestamentlichen Kirchenmodelle sind vielfältig und vielfarbig, und genau so vielfältig und vielfarbig dürfen unsere gegenwärtigen Versuche sein, Kirche zu realisieren.

Für mich ist ein Ausdruck wichtig, der meines Wissens in den achtziger Jahren in der Neuenburger Kirche geprägt worden ist: *lieu d'église*, ein Ort, an dem Kirche geschieht. Konkret heisst das: Keine unserer heutigen Volkskirchen, Freikirchen, Gemeinschaften oder Bruderschaften «ist» Kirche im Sinn einer Eigenschaft, die sie besitzt. Aber jede Kirche hat die Chance und die Verheissung, zum *lieu d'église* zu werden, d. h. zum Ort, an dem Kirche sich ereignet. Sie hat diese Chance, wenn sie sich durch die Kirchenbilder und Kirchenmodelle des Neuen Testaments motivieren, d. h. bewegen lässt. Die Vielfalt neutestamentlicher Kirchenbilder erlaubt keiner Kirche zu sagen, sie allein sei Kirche, und die anderen seien nur ekklesiale Gemeinschaften, aber nicht «Kirche» im vollen Sinn des Wortes.[11] Sie erlaubt aber auch keiner reformierten Landeskirche zu sagen, sie selbst sei «Kirche» und landeskirchliche Gemeinschaften, die sich in ihre parochiale Struktur nicht einordnen können und wollen, seien dies nicht. Sie erlaubt keine theologischen Definitionen der Begriffe «Kirche» und «Sekte», die fast immer darauf hinauslaufen, dass man selbst «Kirche» ist und die anderen «Sekten». Vielmehr haben alle Kirchen, unabhängig von Grösse, organisatorischer Struktur und Bekenntnisstand, und alle christlichen Gemeinschaften und Gruppen die Verheissung, *lieux d'église* zu werden. Christus spricht: «Wo zwei oder drei in meinem Namen versammelt sind, da bin ich mitten unter ihnen.» (Mt 18,20) Die Verheissung, dass es nicht mehr als «zwei oder drei» braucht, entlastet Kirchen und Gemeinschaften von falschen Selbstansprüchen und befreit sie zum Gespräch mit den «anderen». Sie lädt dazu ein, bei anderen Kirchen, Gemeinschaften und Bruderschaften den Reichtum des biblischen Erbes zu entdecken und dafür zu danken, aber gerade nicht dazu, den Finger auf das zu legen, was ihnen möglicherweise fehlt.

3. Der gemeinsame Nenner in den neutestamentlichen Kirchenbildern

Ich habe von der Vielfalt der neutestamentlichen Kirchenbilder und Kirchengeschichten geschrieben. Sie inspirieren uns, sie motivieren uns. Aber – so haben wir nun zu fragen – geben sie uns auch eine Richtung vor, die uns bei unseren eigenen

---

11   So die römisch-katholische Glaubenskongregation in «Dominus Iesus» IV 17.

«Bauversuchen» von Kirche leiten kann? Gibt es im Neuen Testament einen roten Faden, der die vielfältigen Kirchenbilder verbindet und der uns darauf aufmerksam macht, was für eine Kirche das Wesentliche ist? Gibt es einen gemeinsamen Nenner? Ich denke, es gibt ihn!

Die Reformatoren haben das Wesentliche in der Verkündigung des Worts und in der richtigen Verwaltung der Sakramente gesehen. Die sichtbare Gestalt der Kirche gehörte für sie nicht zum Wesentlichen. Sie neigten dazu, die «wahre» Kirche mit der unsichtbaren Kirche zu identifizieren und konnten deshalb die Organisation der sichtbaren Kirche der weltlichen Obrigkeit, den Landesherren oder dem Rat ihrer Stadt, überlassen. Man könnte das «ekklesiologischen Doketismus» nennen. Ich möchte das vermeiden. Im Neuen Testament wird wahre Kirche immer sichtbar, auch wenn sie mehr ist als eine sichtbare lokale Versammlung.

Ich möchte ausgehen vom Kirchenbild der ersten Kapitel der *Apostelgeschichte*, das so viele Menschen inspiriert hat (Apg 2,42–47; 4,32–35). «Die ganze Gemeinde war *ein* Herz und *eine* Seele» (Apg 4,32) – das ist gleichsam der Grundton der Musik, die in diesen Kapiteln erklingt. Die Texte nennen Verschiedenes: die Lehre der Apostel und die Gemeinschaft, das Bleiben im Tempel, das Gebet und den Lobpreis, das Brechen des Brotes und die vollständige Besitzgemeinschaft. Vor allem anderen wichtig ist die Gabe des Geistes, den alle empfangen haben. Fasst man das zusammen, so kann man sagen: Kirche hat eine vertikale und eine horizontale Dimension. Die vertikale Dimension äussert sich in der Beziehung zu Gott und Christus, in der Verkündigung, im Gebet und im Lobpreis, die horizontale in der Gemeinschaft der Gläubigen untereinander, im Brechen des Brotes und in der Besitzgemeinschaft. Auch bei *Paulus* gibt es diese beiden Dimensionen. Die Kirche ist der Leib *Christi*, nicht irgendein Organismus. In *ihn* werden die zum Glauben Gekommenen hineingetauft, durch *seinen* Geist leben sie, an *ihm* haben sie im Herrenmahl Anteil. Und in der Kirche verwirklicht sich zugleich der Leib Christi, in der Vielfalt der Geistesgaben, die dem Bau der Gemeinde dienen, und vor allem in der Liebe.

Ähnlich ist das Kirchenbild des *Matthäusevangeliums*, das vor allem in den beiden Reden über die Kirche, der Jüngerrede in Kapitel 10 und der Gemeinderede in Kapitel 18, deutlich wird: Von Jesus, der mit der Kirche «alle Tage bis an der Welt Ende» (28,20) ist, erzählt sein ganzes Evangelium. Diesen Jesus bilden nach Kapitel 10 die Jünger in ihrer Vollmacht, in ihrem Auftrag, in ihrem Gehorsam und in ihrem Leiden ab, und zwar so, dass kein Jünger mehr ist als sein Meister (10,24). Die zweite Rede über die Kirche, die Gemeinderede in Kapitel 18, ist eigentlich eine Gemeinschaftsrede: Sie spricht von der Gemeinschaft der «Kleinen», von der Umkehr der Rangordnungen, von Gemeindezucht und von Sündenvergebung. Ihre Mitte ist die Verheissung: «Wo zwei oder drei in meinem Namen versammelt sind, da bin ich mitten unter ihnen.» (18,20)

Auch im Kirchenbild der späten *Pastoralbriefe* steht der Bezug zu Christus im Zentrum: In der Kirche ging es damals darum, die Tradition zu bewahren, um nicht die eigene Identität zu verlieren. Die Gemeinschaft tritt hier allerdings zurück. Das geschieht wohl vor allem darum, weil diese Briefe sich primär an Amtsträger richten, personifiziert in Timotheus und Titus.

Dafür sind der Bezug auf Christus und die Gemeinschaft der Liebe im *johanneischen* Kirchenbild ganz zentral: Christus ist der Weinstock, an dem und durch den die Reben leben. Die geschwisterliche Liebe, das neue Gebot, ist nichts anderes als das Bleiben im Weinstock (Joh 15,1–11). Kirche wird im Johannesevangelium ganz radikal von oben gesehen, von Christus her, so radikal, dass Johannes von anderen möglichen Merkmalen der sichtbaren Kirche, von Amtsträgern, Versammlungen und sogar vom Herrenmahl schweigen kann.

Ich kann das Gesagte mit einem paulinischen Ausdruck zusammenfassen: *Paulus* spricht immer wieder von κοινωνία, latinisiert *koinonia*. Dieses griechische Wort muss man im Deutschen manchmal mit «Gemeinschaft» und manchmal mit «Partizipation» oder «Anteilhabe» übersetzen. Aber immer liegen beide Nuancen in diesem Wort. Paulus kann von der *koinonia* mit dem erhöhten Jesus Christus sprechen. An ihm haben die Gläubigen Anteil. Zugleich spricht er von der *koinonia* der Gläubigen in der Gemeinde oder von ihrer ökumenischen *koinonia*, wie sie z. B. durch die Kollekte für Jerusalem entsteht, also von ihrer Gemeinschaft. *Koinonia* hat demnach eine vertikale und eine horizontale Dimension. Verdichtet zeigt sich das im Herrenmahl. Die *koinonia* mit dem Leib und Blut Christi wird in der *koinonia* der Gemeinde, die das Herrenmahl feiert, sichtbar (1Kor 10,16). Darum ist es unerträglich, wenn beim Herrenmahl die einen hungrig kommen und die anderen schon satt oder gar betrunken sind (vgl. 1Kor 11).

Der Bezug auf Christus und die Gemeinschaft sind gemäss dem Neuen Testament die entscheidenden Merkmale der Kirche. Vom Sakrament, insbesondere vom Herrenmahl habe ich nicht eigens geschrieben. Ich tat das darum nicht, weil im Herrenmahl nichts anderes geschieht, als dass der erhöhte Christus in einer Erfahrung der Gemeinschaft gegenwärtig wird. Eben darin geschieht Kirche. Auch von den Amtsträgern habe ich nicht geschrieben. Aus der Perspektive des Neuen Testaments gehören sie nicht zu dem, was eine Kirche zur Kirche macht. Ich weiss wohl, dass Amtsträger in gewissen Kontexten wichtig werden können, z. B. vertrauenswürdige Lehrer in einer Situation, in der Traditionsverlust und Identitätsverlust die Gemeinden bedrohen wie in den Pastoralbriefen. Auf der anderen Seite fällt auf, dass auch in späteren Schriften des Neuen Testaments manchmal geradezu irritierend von Amtsträgern, vor allem Bischöfen, nicht die Rede ist. Zu ihnen gehört nicht nur das Johannesevangelium, sondern auch das Matthäusevangelium und die Johannesapokalypse: Ihr Verfasser richtet seine Sendschreiben an die «Engel» der kleinasiatischen Gemeinden und nicht an ihre Bischöfe, die es zu seiner Zeit sicher gegeben hat.[12]

Zum Schluss möchte ich andeuten, was diese beiden «roten Fäden» für eine reformatorisch geprägte Volkskirche, z. B. eine reformierte Volkskirche in der Schweiz, bedeuten könnten. *Der Bezug auf Christus:* Damit meine ich nicht eine christologische Lehre, nicht ein für alle Mal gültige Bekenntnisformulierungen, auch nicht den Glauben an denjenigen «Christus», den Menschen oder Kirchen zu einer Bedingung des Heils umdefiniert haben. «Christus» begegnet uns in den neutestamentlichen Zeugnissen als eine Geschichte, die für unser eigenes Leben Modellcharakter hat. Er begegnet uns im Johannesevangelium als eine zum Himmel offene Geschichte, die uns hilft, Gotteserfahrungen zu machen und zu formulieren. Er begleitet uns im Matthäusevangelium als «Immanuel», als Möglichkeit, Gottes Nähe bei uns zu erfahren. Die menschliche Antwort auf «Christus» kann nur mit dem Leben gegeben werden. Die Kirche ermutigt dazu mit gemeinsamer Praxis, gemeinsamem Beten, gemeinsamem Danken und Versuchen gemeinsamen Bekennens, aber kontextuell und situationsbezogen, nicht als überzeitliche Deklamationen theologischer Richtigkeiten. Für eine Kirche heisst «Christus», dass sie ihre Verkündigung und ihre Praxis an ihm, nicht einfach an ihrer Nützlichkeit für die Gesellschaft messen soll.

Der Sinn von Gemeinschaft: Damit benenne ich die Grunddimension von Kirche, die in der Reformation und in den von ihr geprägten protestantischen Volkskirchen zu wenig Beachtung fand. In den reformierten Volkskirchen sind z. B. Frontalgottesdienste mit einer Person, die von den Gläubigen nur «besucht» werden, Liturgien, in denen sich die Rolle der Gläubigen auf das Sprechen des Amens und des Unservaters beschränkt, oder Abendmahlsgottesdienste, in denen sogar der wechselseitig gespendete Segen fehlt, Zeugnisse der Missachtung der Gemeinschaft. Aber auch Ansätze zur Kirchenreform, in denen die Lokalgemeinden der Regionalisierung geopfert werden, oder die vor allem das Ziel haben, der kirchlichen Bürokratie eine effizientere Organisation kirchlicher Dienstleistungen zu ermöglichen, sollten kritisch geprüft werden. *Lieux d'église* können unsere Volkskirchen nur werden, wenn sie Menschen zu einer lebendigen Gemeinschaft zusammenführen. Hier können wir nicht nur vom Neuen Testament, sondern auch vom Pietismus, der die Bedeutung der Hauskirchen und überhaupt der Gemeinschaft für die Kirche neu entdeckt hat, viel lernen.

---

12 Die «Engel» sind personal nicht sicher deutbar. Sicher ist aber, dass damit weder die «Boten», welche die Briefe überbringen, noch die lokalen Bischöfe der Empfängergemeinden gemeint sind.

Was fehlte, wenn die Volkskirche fehlt?

Christoph Blocher,
Unternehmer und Politiker, Herrliberg

Was fehlte der Kirche, wenn sie keine Volkskirche wäre?

1. Im zweiten Kapitel des Lukasevangeliums (Vers 10) wird der Beginn der öffentlichen Verlautbarung des Evangeliums – der verbindlichen Grundlage der evangelischen Kirche – mit dem Ausruf des «Engels» festgelegt: «Seht, ich verkündige euch grosse Freude, die *allem Volk* widerfahren wird ...»

2. Damit sind das Wesen, der Auftrag und das verbindliche Umfeld der Kirche gegeben: Die Kirche hat grosse Freude zu verkündigen – und zwar die, die *allem Volk* widerfahren wird ...

3. Kirche ist – per definitionem! – von selbst Volkskirche, nämlich Kirche *allen Volks*: Ist die Kirche nicht (mehr) «allen Volks», so ist sie auch nicht (mehr) Kirche!

So einfach ist das ...

Res Strehle,
Journalist und Chefredaktor des Tages-Anzeigers, Zürich

Ich bin seit DDR und Blocher immer etwas skeptisch, wenn der Begriff «Volk» verwendet wird, im Fall der Volkskirche kann ich ihm jedoch etwas abgewinnen: Fehlen würde ohne sie ein Teil des sozialen und seelsorgerischen Engagements in unserer Gesellschaft, je weniger Mission und Dogma damit verbunden sind – umso überzeugender für mich.

Christiane Tietz

Kirche für alle und durch alle

Volkskirche in der Postmoderne aus systematisch-theologischer Perspektive

1. Begriffliche Annäherungen

In Zeitdiagnosen zur Situation der Kirche liest man immer wieder, die Volkskirche habe sich überlebt. Der katholische Pastoraltheologe Paul M. Zulehner stellt ohne Umschweife fest: «Die Zeit der Volkskirche ist vorbei.»[1] Deshalb sei es geboten, andere Formen von Kirchlichkeit und Christsein zu entwickeln.

Anlass für dieses Urteil sind Zahlen, genauer: betrübliche Zahlen. Sie zeigen, dass der prozentuale Anteil von Menschen, die Mitglied der so genannten «grossen» Kirchen sind, in den letzten Jahrzehnten in der Bevölkerung stark zurückgegangen ist. Voraussetzung für dieses Urteil ist freilich ein Verständnis von «Volkskirche», das den Begriff quantitativ fasst: Volkskirche ist die Kirche, zu der (mehr oder weniger) das ganze Volk eines Landes gehört. Eine solche Volkskirche ist durch eine alle verbindende Geschichte, gemeinsame Sprache und Herkunft bestimmt.[2] Innere Einheitlichkeit ist ihr Kennzeichen. Geht man von diesem quantitativen Verständnis von Volkskirche aus, dann ergibt es sich von selbst, dass in der Situation des prozentualen Rückgangs der Mitglieder und der Pluralisierung der Gesellschaft Volkskirche aufhört zu existieren.

Nun sind aber rein quantitative Bestimmungen theologisch selten angemessen. Sie verschleiern, dass Freude geboten ist über jeden, der glaubt, wie im Gleichnis vom verlorenen Schaf (Lk 15,4–7), und dass Dankbarkeit angezeigt ist gegenüber denen, die sich mit Zeit, Kraft und Herzblut in verschiedener Weise in der evangelischen und der katholischen Kirche engagieren. Diesen Menschen ins Gesicht zu sagen, dass sie zu wenige sind und dass die Volkskirche untergehen

---

1 http://aktuell.evangelisch.de/artikel/86871/zulehner-die-zeit-der-volkskirche-ist-vorbei (Zugriff am 12.12.2014).

2 Vgl. Martin Hein, Art. Volkskirche. I: Begriff, in: RGG⁴ 8, Tübingen 2005, 1184–1185. Einen Überblick über ekklesiologische Entwürfe, die am Volkskirchenbegriff orientiert sind, gibt Andreas Leipold, Volkskirche. Die Funktionalität einer spezifischen Ekklesiologie in Deutschland nach 1945, Göttingen 1997, 53–136.

wird, ist abwertend und taktlos. «Schön, dass Ihr da seid!», sollte bei jeder Klage über den Rückgang der Kirchenmitgliederzahlen mitgesagt werden.

Ferner bieten rein quantitative Bestimmungen keinerlei Hilfestellung dabei, wie jetzt zu verfahren ist. Zitternd könnte man dann nur die weitere Entwicklung und die nächste Mitgliedschaftserhebung abwarten. Ob Menschen bleiben oder nicht, könnte lediglich wie ein Naturereignis entgegengenommen werden.

Hilfreicher sind qualitative Bestimmungen von Volkskirche, die nicht nur nach dem «Wie viele», sondern vor allem nach dem «Wie» von Kirchesein fragen. Sie beschreiben nicht allein, was der Fall ist, sondern können zugleich orientierende Kraft entfalten. Wer Volkskirche durch diverse inhaltliche Charakteristika umschreibt, der kann gleichzeitig fragen, ob und inwiefern die faktische, sich immer noch als Volkskirche verstehende Kirche diesen entspricht – und warum sie ihnen entsprechen soll, warum es sich also lohnt, weiterhin zu versuchen, Volkskirche zu sein. Zu solchen qualitativen Charakteristika gehören:[3] die Praxis der Kindertaufe, ein flächendeckendes Parochialsystem, die Anerkennung als Körperschaft öffentlichen Rechts durch den Staat (was die Möglichkeit, Steuern einzuziehen, impliziert), der Anspruch, sich als öffentlichkeitsrelevante Stimme am gesellschaftlichen Diskurs zu beteiligen, sowie die Akzeptanz innerkirchlicher Pluralität, welche unterschiedliches Beteiligungsverhalten einschliesst.

Insgesamt liegt im qualitativen Verständnis der Volkskirche eine strukturelle Offenheit, die seine besondere Stärke ausmacht. Zu dieser gehört auch die Offenheit für die gesellschaftliche Situation, in der die Kirche sich befindet. Denn im Begriff der Volkskirche «bündeln sich Bemühungen, die darauf gerichtet sind, im Verständnis und in der Gestalt der Kirche auf den Wandel der gesellschaftlichen Bedingungen zu reagieren»[4].

Nun werden unsere gegenwärtigen gesellschaftlichen Bedingungen gemeinhin als «postmodern» charakterisiert. Sie gelten als vor allem durch folgende Merkmale bestimmt: einen Pluralismus der Meinungen und Lebensentwürfe, ein Wissen um Perspektivität und Konstruiertheit, einen Eklektizismus bei der Zusammenstellung der eigenen Überzeugungen und den Verzicht auf Metaerzählungen sowie eine Betonung von Subjektivität und Fragmentarität.[5]

Im Anschluss an Wolfgang Huber, der von der Volkskirche als «Kirche für das Volk» und «Kirche durch das Volk» spricht,[6] soll im Folgenden gezeigt werden, welche Chance gerade für eine qualitativ konzipierte Volkskirche in der postmodernen Situation liegt. Die Volkskirche kann in der postmodernen Situation in

3   Vgl. Martin Hein, Art. Volkskirche. II: Dogmatisch, in: RGG4 8, 1185–1186, 1185.
4   Wolfgang Huber, Art. Volkskirche. I: Systematisch-theologisch, in: TRE 35, Berlin/New York 2003, 249–254, 249.
5   Vgl. Friedrich Wilhelm Graf, Art. Postmoderne I. Soziologisch und sozialgeschichtlich, in: RGG4 6, Tübingen 2003, 1514–1515, 1515.
6   Vgl. Huber, Volkskirche, 253.

besonderer Weise dem kirchlichen Auftrag gerecht werden. Dieser besteht – mit Barmen VI – darin, «an Christi Statt und also im Dienst seines eigenen Wortes und Werkes durch Predigt und Sakrament die Botschaft von der freien Gnade Gottes auszurichten an alles Volk».[7]

Mit den nachfolgenden Erörterungen soll nicht behauptet werden, dass andere Formen von Kirche, wie z. B. Freikirchen, nicht auch in der gegenwärtigen Situation ihre Chancen haben. Aber es soll dazu ermutigt werden, das Konzept der Volkskirche nicht vor der Zeit aufzugeben.

2. Volkskirche als «Kirche für das Volk»

Der volkskirchlichen Struktur liegt, recht besehen, die Einsicht in die Struktur des Wortes Gottes zugrunde. Der junge Dietrich Bonhoeffer hat dies in seiner Diskussion des Konzepts der Volkskirche geltend gemacht: «Die sanctorum communio greift mit der Predigt des Wortes, das sie trägt [...], über sich selbst hinaus und wendet sich an alle, die auch nur der Möglichkeit nach zu ihr gehören könnten, und das liegt in ihrem Wesen.»[8] Genau in dieser Ausrichtung auf alle liegt die *Katholizität* der Volkskirche.[9]

Jeder und jede darf einfach zum Gottesdienst kommen und die Predigt hören, die Türen des Kirchengebäudes stehen allen, sonntäglichen Kirchgängern, gelegentlichen Gottesdienstbesuchern und Nichtmitgliedern, offen. Die erkennbare Regelmässigkeit der Gottesdienste bietet die Gewähr, auch ohne einen Blick in den Terminkalender der Gemeinde sonntags an einem Gottesdienst teilnehmen zu können. Die kirchlichen Kasualien verlangen eine gewisse Gebundenheit an die Kirche (z. B. die Kirchenmitgliedschaft eines Taufelternteils), aber keine festgelegte Glaubensprüfung des Einzelnen. Durch die parochiale Struktur der Volkskirche liegt Kirche immer in der Nähe.

Diese offene Struktur ist in der Volkskirche besonders deshalb möglich, weil in ihr zwischen der sichtbaren Kirche und der verborgenen *communio sanctorum*, der Gemeinschaft der Heiligen, unterschieden wird, weshalb die Existenz der *communio sanctorum* gerade nicht an etwas Wahrnehmbarem festgemacht, sondern geglaubt wird. Diese Unterscheidung ist aber keine Trennung, denn es wird die sichtbare Kirche *als* verborgene Kirche geglaubt. Das bedeutet: Die *Heilig-*

7   Theologische Erklärung zur gegenwärtigen Lage der Deutschen Evangelischen Kirche, in: Die Barmer Theologische Erklärung. Einführung und Dokumentation, Alfred Burgsmüller/ Rudolf Weth (Hg.), Neukirchen-Vluyn ⁶1998, 32–42, 41.

8   Dietrich Bonhoeffer, Sanctorum Communio. Eine dogmatische Untersuchung zur Soziologie der Kirche, Dietrich Bonhoeffer Werke, Bd. 1, Joachim von Soosten (Hg.), München 1986, 149.

9   Vgl. Wilfried Härle, Dogmatik, Berlin/New York 1995, 575.

keit der Kirche wird geglaubt, nicht gesehen. Volkskirchliche Strukturen gestehen ein und halten aus, dass nur Gott den Glauben der Menschen sieht. Es ist nicht möglich zu erkennen, dass jemand zur Gemeinschaft der Heiligen gehört. Noch einmal sei Bonhoeffer zitiert: «Echte Liebe zur Kirche wird ihre Unreinheit und Unvollkommenheit mittragen und mitlieben; denn diese empirische Kirche ist es ja, in deren Schoss das Heiligtum Gottes, seine Gemeinde, wächst. Mancherlei vorwitzige Versuche hat man zur Reinigung der Kirche unternommen [...] – überall der Versuch, nun endlich das Reich Gottes nicht mehr im Glauben, sondern im Schauen gegenwärtig zu haben.»[10] In der volkskirchlichen Offenheit zeigt sich damit der Glaube an die Rechtfertigung des Sünders durch Gott. Der Glaube eines Menschen ist ein Werk Gottes, keine zu erbringende Leistung des Menschen. Die volkskirchliche Praxis der Kindertaufe steht dafür gut.

Weil nur Gott den Glauben eines Menschen sieht, wird in der Volkskirche jeder so behandelt, als gehöre er zur Gemeinschaft der Heiligen. Dies wehrt einer fundamentalistischen Glaubensenge, bei der die Zustimmung zu bestimmten Glaubenssätzen, z. B. zur Unfehlbarkeit der biblischen Texte, zur Voraussetzung für Mitgliedschaft gemacht wird. In solcher Enge wird die *fides quae*, der Glaubensgegenstand im Sinne von zustimmbaren Satzwahrheiten, für wichtiger genommen als die persönliche Bezogenheit eines Menschen auf Gott, die *fides qua*, über die, wie gesagt, nur Gott zu urteilen vermag.

Entsprechend steht in den volkskirchlichen Strukturen nicht der Glaube des Einzelnen (z. B. im Sinne eines öffentlichen Konversionsrituals) im Zentrum, sondern Wort und Sakrament. Sie sind die Kennzeichen fürs Kirchesein. Im Zentrum steht mithin dasjenige, was Glauben im Menschen weckt. So weist die volkskirchliche Struktur von der permanenten Reflexion und Selbstvergewisserung der eigenen Gläubigkeit weg und stattdessen hin auf die Orte, an denen Gott zum Menschen spricht. «Hieraus entsteht nun die anschaubare Gestalt der Kirche, und sie taucht empor, so dass sie für unsere Augen sichtbar ist. Denn überall, wo wir wahrnehmen, dass *Gottes Wort lauter gepredigt und gehört* wird und *die Sakramente nach der Einsetzung Christi verwaltet* werden, lässt sich auf keinerlei Weise daran zweifeln, dass wir eine Kirche Gottes vor uns haben.»[11]

Damit das Wort Gottes alle erreichen kann, ist freilich Sorge zu tragen, dass die Predigt des Wortes und die Feier der Sakramente sich nicht auf ein bestimmtes Milieu verengen. Kirchliche Formen sind nötig, die für andere Milieus offen sind und in denen beispielsweise die neuen Kommunikations- und Mobilitätsformen unserer Zeit auch Menschen eine Teilnahme möglich machen, die sonst nicht angesprochen werden.

---

10   Bonhoeffer, Sanctorum Communio, 150f.
11   Johannes Calvin, Unterricht in der christlichen Religion IV, 1, 9, nach der letzten Ausgabe übersetzt und bearbeitet von Otto Weber, Neukirchen-Vluyn [6]1997, 691.

In der gegenwärtigen Situation ist die Volkskirche in durchaus erfolgreicher Weise «Versorgungskirche». «Die Volkskirche macht gerade angesichts ihrer oft begrenzten Ressourcen versorgungstechnisch einen hervorragenden Job.»[12] Sie versorgt Menschen mit dem, was sie von der Kirche erhoffen und erwarten: mit Nächstenliebe, mit Religion, mit pastoralen Leistungen und mit Gewissen in ethischen Fragen.[13] Diese Versorgungsstruktur ist zunächst einmal gut, weil die Kirche dadurch vielfältige Gelegenheiten hat, Menschen Gott nahezubringen.

Die Volkskirche kann in der Postmoderne nicht im alten Sinne missionarisch sein. Mission ist ja zu Recht kritisiert worden, falls damit Gewalt, Zwang und Vereinheitlichung verbunden waren. Die Geschichte von Gott und seinem Volk und von Jesu Christi Menschwerdung, Kreuz und Auferstehung lässt sich nicht mehr, wie in alten, homogeneren Zeiten, als die allein mögliche Heilsgeschichte präsentieren. Und sie lässt sich auch nicht mehr, wie in der Aufklärung, als eine aus der einen Vernunft ableitbare Geschichte konstruieren, z. B. wie bei Gotthold Ephraim Lessing als Geschichte von der «Erziehung des Menschengeschlechts». Gleichzeitig mehren sich Stimmen, die den Missionsbegriff für die heutige Volkskirche wiedergewinnen wollen. Eberhard Jüngel hat dies 1999 so ausgedrückt: «Wenn die Kirche ein Herz hätte, ein Herz, das noch schlägt, dann würden Evangelisation und Mission den Rhythmus des Herzens der Kirche in hohem Masse bestimmen. Und Defizite bei der missionarischen Tätigkeit der christlichen Kirche, Mängel bei ihrem *evangelizzesthai* würden sofort zu schweren Herzrhythmusstörungen führen. Der Kreislauf des kirchlichen Lebens würde hypotonisch werden. Wer an einem gesunden Kreislauf des kirchlichen Lebens interessiert ist, muss deshalb auch an Mission und Evangelisation interessiert sein. Weithin ist die ausgesprochen missionarische Arbeit zur Spezialität eines ganz bestimmten Frömmigkeitsstils geworden. Nichts gegen die auf diesem Felde bisher besonders engagierten Gruppen, nichts gegen wirklich charismatische Prediger! Doch wenn Mission und Evangelisation nicht Sache der ganzen Kirche ist oder wieder wird, dann ist etwas mit dem Herzschlag der Kirche nicht in Ordnung.»[14]

«Kirche für das Volk» ist die Volkskirche schliesslich durch ihren diakonisch-caritativen Dienst, der von dem Engagement unzähliger Ehrenamtlicher und Freiwilliger lebt. Diese «organisierte Nächstenliebe» der Kirche wendet sich allen zu, unabhängig davon, ob sie Mitglieder der Kirche sind oder nicht. Um dieser gesellschaftlichen Aufgabe willen dürfen die Landeskirchen in der Schweiz vielerorts auch von juristischen Personen Steuern einziehen.

---

12   Klaus Douglass, Laien beteiligen oder sterben. Die Reform der Volkskirche muss mit einem Systemwechsel verbunden werden, in: Zeitzeichen 12, Heft 10, 2011, 25–27, 25.

13   Vgl. a. a. O.

14   Eberhard Jüngel, Referat zur Einführung in das Schwerpunktthema der EKD-Synode 1999, in: epdD, Heft 49/1999, 1–12, 1.

3. Volkskirche als «Kirche durch das Volk»

Wie kann in der Postmoderne, in der die grossen Narrative keine breit geteilte
Glaubwürdigkeit mehr besitzen, die Geschichte von Gott und seinem Volk und
von Jesu Christi Menschwerdung, Kreuzigung und Auferstehung erzählt werden?
In einer durch Subjektivismus und Perspektivismus gekennzeichneten Situation
bekommt die Glaubensgeschichte des Einzelnen, seine individuelle Geschichte
mit der Geschichte Gottes, ihre besondere Relevanz. Jede Glaubende hat «ihre»
Geschichte mit der Geschichte Gottes, wie sie in der christlichen Tradition, in ihren
Texten und Liedern erzählt wird. Jene ist in der Regel keine Heldengeschichte,
auch kein Heiligenepos, sondern schildert christliches Leben «in der Fülle der
Aufgaben, Fragen, Erfolge und Misserfolge, Erfahrungen und Ratlosigkeiten»[15].
Davon zu sprechen, was der Glaube an diesen Gott im eigenen Leben bedeutet,
ist keine Zwangsmissionierung, sondern persönliches Zeugnis. Menschen berichten dann davon, wie sie erfahren haben, dass in der Geschichte Gottes in Jesus
Christus ihre eigene Geschichte vorkommt und dass sie in diese Geschichte hin-
einverwoben sind. Mission, so verstanden, «heisst zeigen, was man liebt. Mission
heisst, davon erzählen, was man schön und lebensrettend gefunden hat; erzählen
davon, worauf man hofft; was man glaubt; woraus man lebt und wofür man u. U.
sein Leben einsetzt»[16]. Lieben ist kein Haben. Der alte Dual, bei dem die einen, die
«Missionierenden», die Wahrheit haben, und sie den anderen, den «zu Missionierenden», fehlt, ist überholt. Durch das Erzählen der eigenen Geschichte wird aber
erkennbar, dass Glaube auch im säkularen Zeitalter nach wie vor eine Option im
Leben von Menschen ist.[17] Damit wird erhellt, dass das einzelne Subjekt nicht
zwingend *in sich selbst* postmodern sein muss. Auch heute noch gibt es Menschen,
die an bestimmten Überzeugungen hängen und an ihnen ihr Leben ausrichten.

Manch einer mag unken, solches sei in der Postmoderne nicht mehr möglich.
Doch ist bei *normativen* Zeitdiagnosen grundsätzlich Vorsicht angeraten. Was
heute möglich und nicht mehr möglich ist, entscheiden nicht die Zeitdiagnostiker,
sondern die Menschen dieser Zeit. Dass man so oder so heute nicht mehr denken,
reden, leben, glauben könne, wird schlicht dadurch widerlegt, dass es Menschen
gibt, die heute so denken, reden, leben und glauben. Nur sind sie herausgefordert,
dies nicht nur empirisch zu vollziehen, sondern auch gegenüber anderen zu expli-

---

15 Dietrich Bonhoeffer, Widerstand und Ergebung. Briefe und Aufzeichnungen aus der Haft;
    Dietrich Bonhoeffer Werke, Bd. 8, Christian Gremmels/Eberhard Bethge/Renate Bethge/Ilse
    Tödt (Hg.), Gütersloh 1998, 542.
16 Fulbert Steffensky, http://heilandskirche.st/wp-content/uploads/2014/12/26-1-2014_Prof_
    Steffensky.pdf (Zugriff am 1.10.2015).
17 Vgl. Charles Taylor, Ein säkulares Zeitalter, wissenschaftliche Sonderausgabe der 1. Auflage
    von 2009, Frankfurt am Main 2012, 14f.

zieren und zu plausibilisieren, damit es als Möglichkeit auch für andere einsichtig werden kann.

Weil für die Glaubwürdigkeit der christlichen Botschaft in der Postmoderne das «Zeugnis» des Einzelnen, die Verknüpfung mit seiner Lebensgeschichte, zentrale Relevanz hat, ist der einzelne Glaubende gegenwärtig besonders in Anspruch genommen. Dies passt zur Struktur der evangelischen Volkskirche, die vom Priestertum aller Glaubenden lebt. Die Hauptamtlichen haben die Aufgabe, zu diesem Priestertum anzuleiten, weil zur volkskirchlichen Struktur eine Bandbreite an Teilnahme-, Mitwirkungs- und Glaubensverhalten gehört. «Kirche für das Volk kann nur funktionieren, wenn genug Menschen da sind, die für andere da sein wollen. Nur eine Kirche des Volkes kann letztlich eine Kirche für das Volk werden. Die Aufgabe der Hauptamtlichen sollte darum weniger darin bestehen, für die Bedürftigen da zu sein, als für jene Menschen, die [...] zu den anderen hingehen und für sie da sind.»[18] Die regelmässige Lektorin beteiligt sich genauso am Leben der Volkskirche wie der unregelmässige Teilnehmer einer Krabbelgruppe. Menschen, die ein hochkomplexes theologisches Verständnis von kirchlicher Lehre haben, gehören genauso zur Volkskirche wie Menschen mit einer weniger stark reflektierten Frömmigkeit. Menschen, die konservativen Inhalten anhängen, finden in der Volkskirche genauso ein Zuhause wie Menschen mit liberalen Positionen. Die Volkskirche kann diese Pluralität gut tragen – wenn es gleichzeitig eine *Einheit* in dieser Pluralität gibt.

Die Forderung nach Einheit in der Pluralität impliziert die Einsicht: Nicht alles ist evangelisch, und nicht alles ist christlich. Zwischen einer erzwungenen Homogenität und einer grenzenlosen Pluralität lassen sich eine ganze Reihe von Zwischentönen ausmachen. Nach solchen zu suchen, ist nötig, damit die Kirche, will sie ihrem in Barmen VI genannten Auftrag treu bleiben, in ihrer Botschaft erkennbar ist. Volkskirchliches Handeln hat ein zweidimensionales Kriterium: die «Weite» und die «Deutlichkeit» der christlichen Botschaft.[19]

Eine solche Einheit der Volkskirche, die Homogenität vermeidet, lässt sich durch gemeinsame Bezugspunkte aller volkskirchlichen Wirklichkeit generieren:

- Im Zentrum des Gemeindelebens steht nach wie vor der Gottesdienst als die *eine* Zeit und der *eine* Ort, wo sich Menschen aus ganz verschiedenen

18   Douglass, Laien beteiligen oder sterben, 26.
19   Vgl. Wilhelm Hüffmeier, Art. Volkskirche III. Ethisch, in: RGG4 8, 1186.

Teilen der Gemeinde versammeln und sich von Gott dienen lassen können, in Wort und Sakrament.

- Im Gottesdienst wird nicht über irgendetwas, sondern über biblische Texte gepredigt; von ihnen ist die Glaubensgeschichte der Einzelnen geprägt; deshalb kann auf die *Apostolizität* der Kirche vertraut werden.[20]
- Auch wenn neue Lieder und Liturgien im Gottesdienst gepflegt werden, gibt es unveränderliche Fixpunkte, welche die Tradition vergegenwärtigen, in der man steht: das gemeinsam gebetete Unservater; der aaronitische Segen; Lieder, die seit Jahrhunderten von Christen gesungen werden, z. B. die alten Advents- und Weihnachtslieder.
- Es gibt ein ordiniertes Amt, das für Verkündigung und Sakramente verantwortlich ist, mit einer Ausbildung, die akademischen Standards verpflichtet ist.

Solange es diese einheitsbildenden Elemente gibt, ist auch die Kindertaufe nach wie vor legitim. Allerdings müssen neue Angebote für die Pflege und Entwicklung von familiären christlichen Traditionen erarbeitet werden. Denn «Glaube wird zunehmend nicht mehr als ‹Muttersprache› erfahren, sondern muss als ‹Fremdsprache› neu gelernt werden».[21]

Der letztgenannte Sachverhalt weist auf etwas Weiteres hin: Das Ziel kirchlichen Handelns ist der Glaube des Einzelnen. Aber wenn dieser so individualistisch würde, dass jeder religiöse Mensch an sich selbst genug hätte, dann würde es bald – jenseits der bestallten Amtsträger – keine Kirche mehr geben, die Menschen zu ihrem Glauben hilft. Hier liegt die Gefahr in einem Verständnis von Volkskirche, das sie nur als Sinndeutungslieferantin für den Einzelnen ansieht, aber die Notwendigkeit des gemeinsamen Glaubens übergeht. Wolfgang Huber urteilt kritisch: Bei Ernst Troeltsch erscheint die «vorhandene Volkskirche [...] als derjenige Humus, auf dem sich eine religiös bestimmte Subjektivität entfaltet, den sie freilich zugleich auch aufzehrt, ohne dass Ressourcen für seine Erneuerung erkennbar wären. Dieses Gefälle ist schon bei Troeltsch erkennbar, der zwar die ‹elastisch gemachte Volkskirche› als den Ort würdigt, an dem religiöser Individualismus entstehen und sich entfalten kann, die Sozialgestalt dieses religiösen Individualismus selbst aber in einer Mystik sieht, die der Kirche gerade nicht mehr bedarf»[22]. Kirche durch das Volk hingegen schliesst ein über religiösen Individualismus hinausgehendes «Miteinander-Glauben» ein, sonst gibt es sie bald nicht mehr. Neben diesem Selbsterhaltungsgrund der Volkskirche gibt es auch sachliche

---

20   Vgl. Härle, Dogmatik, 575.
21   Burghard Krause, Glänzende Aussichten?! Missionarisch Volkskirche sein, in: Theologische Beiträge 45, 2014, 304–316, 305.
22   Huber, Volkskirche, 251.

Gründe für die Sozialität des christlichen Glaubens: Wer christlich glaubt, gehört zum Leib Christi, ist immer schon mit anderen Glaubenden verbunden. Lebt er sichtbar so, als sei dies nicht der Fall, reduziert er Kirche auf die verborgene Kirche und reisst den evangelischen Zusammenhang von verborgener und sichtbarer Kirche auseinander.

4. Volkskirche als «Kirche für die Gesellschaft»

Das *«Evangelium* [...] von Gottes Gnade, [...] dessen Inhalt der König und sein jetzt verborgenes, einst zu offenbarendes Reich ist, ist von Haus aus politisch, und wenn es in Predigt, Unterricht und Seelsorge in rechter Auslegung der heiligen Schrift und in rechter Anrede an die wirklichen (christlichen und nicht-christlichen) Menschen verkündigt wird, notwendig prophetisch-politisch.»[23] Die Volkskirche verbindet diesen Sachverhalt mit dem Anspruch, sich in die ethischen und politischen Debatten eines Volks und einer Gesellschaft einmischen zu dürfen. Weil die Volkskirche keine Staatskirche ist, hat sie Distanz zu politischen Instanzen und damit den Freiraum, diese ebenso unbefangen zu würdigen wie zu kritisieren. Kriterium dieser Würdigung oder Kritik dürfen dabei nicht parteipolitische Vorlieben sein, als ob Christsein nur mit einer bestimmten Parteipolitik zusammenginge. Kriterien für die Bewertung von Staat und Gesellschaft sind die Möglichkeit der Evangeliumspredigt und die sich daraus ergebenden Forderungen und Konkretionen der Nächstenliebe.

Unter Berücksichtigung der gegenwärtigen Pluralität kann die Volkskirche dabei nicht so auftreten, als ob sie ein vorgängiges Einverständnis mit ihrer Sicht voraussetzte. Sie wird vielmehr um ein solches Einverständnis werben müssen. Das schliesst ein, dass die Kirche sich um die Erläuterung ihrer Positionen bemühen muss. Sie wird dabei auf der einen Seite mit Einsichten der christlichen Tradition argumentieren, auf der anderen Seite aber nach Begründungen ihrer Position suchen, die auch für Menschen mit anderen oder keinen religiösen Überzeugungen nachvollziehbar sind. So beteiligt sich die Kirche «zweisprachig» an den Debatten ihrer Gesellschaft.[24]

Durch ihre transparenten und klaren Strukturen hat eine Volkskirche stärker als viele Freikirchen die Möglichkeit, sich zu politischen und gesellschaftlichen

23   Karl Barth, Christengemeinde und Bürgergemeinde, in: ders., Rechtfertigung und Recht – Christengemeinde und Bürgergemeinde – Evangelium und Gesetz, Zürich 1998, 47–80, 76–77.

24   Vgl. Heinrich Bedford-Strohm, Öffentliche Theologie in der Zivilgesellschaft, in: Ingeborg Gabriel (Hg.), Politik und Theologie in Europa. Perspektiven ökumenischer Sozialethik, Mainz 2008, 340–357, 349; Christiane Tietz, ... mit anderen Worten ... Zur Übersetzbarkeit religiöser Überzeugungen in politischen Diskursen, in: EvTh 72, 2012, 86–100, 98f.

Fragen hörbar zu äussern und in Gesprächen mit anderen Gesellschaftsvertretern ihre Position argumentativ plausibel zu machen. Dabei verstehen sich die ethischen und politischen Äusserungen von Kirchenleitungen nicht als letzte Autorität, sondern als im christlichen Geist gemachte Beiträge zur Debatte – über die auch innerhalb der Volkskirche gestritten werden darf und muss.

Für die Akzeptanz der Beteiligung der Kirche an gesellschaftlichen Debatten ist, recht verstanden, die Situation der Postmoderne hilfreich, insofern die Einsicht in die Perspektivität *aller* Positionen Konsens ist. Gegenüber dem Vorwurf, die Kirche vertrete eine weltanschaulich voreingenommene Ansicht und müsse sich deshalb aus den gesellschaftlichen Dialogen heraushalten, ist inzwischen einsichtig geworden, dass keine Überzeugung unperspektivisch oder weltanschaulich neutral ist. Hier unterscheidet sich die Kirche nicht von anderen Debattenteilnehmern. Erst im Gespräch unterschiedlicher Perspektiven bilden sich die Werte aus, mit denen wir in dieser Gesellschaft leben wollen.

5. Volkskirche als «Teil des Volkes Gottes»

In allem Suchen nach neuen volkskirchlichen Gestalten und in allem Herausstellen alter Kontinuitäten darf die Volkskirche nicht vergessen, dass sie Teil des «Volkes Gottes» ist. Sie ist mit anderen Gestalten des Kircheseins wie Freikirche oder Staatskirche verbunden. Denn alle Kirchen gehören zur *communio sanctorum*. Nicht ihre konkrete Gestalt ist für diese Zugehörigkeit verantwortlich, sondern der Glaube an Jesus Christus: «Die Kirche ist allein auf Jesus Christus gegründet, der sie durch die Zuwendung seines Heils in der Verkündigung und in den Sakramenten sammelt und sendet.»[25] Die Volkskirche in einem spezifischen Land gehört deshalb auch stets mit den Kirchen anderer Länder zusammen. Denn «das Wort Gottes [spricht] nicht nur Menschen *aller* Völker an [...], sondern [verbindet] [...] die Menschen über alle Volkstumsgrenzen hinweg zu dem *einen* Volk Gottes (aus allen Nationen, Völkern und Rassen)»[26]. Die konkrete kirchliche Struktur und der konkrete territoriale Rahmen einer Volkskirche sind eingebunden in das Volk Gottes als Ganzes.

Dies bedeutet ein Letztes: Wie die anderen Gestalten von Kirche so hält auch die Volkskirche sich nicht selbst im Sein. Sie wird durch Gott im Sein gehalten. An ihm, am Wirken seines Geistes, der weht, wo und wann er will, hängt der Bestand der Kirche. Das befreit nicht von der Notwendigkeit kirchlichen Arbeitens und

---

25 Leuenberger Konkordie 2, http://leuenberg.eu/sites/default/files/media/pdf/Publications/Konkordie-de.pdf (Zugriff am 12.12.2014).
26 Wilfried Härle, Art. Kirche VII. Dogmatisch, in: TRE 18, Berlin/New York 1989, 277–317, 307.

Handelns. Aber es befreit vom letzten Verantwortungsdruck. Am Ende hält Gott seine Kirche am Leben, und zwar in jeder Zeit. «Gott ist jeder Zeit gleich nah. Er will zu jeder Zeit neu erwartet werden. Darum ist uns der sehnsüchtige Rückblick in eine Zeit volkskirchlicher Stabilität ebenso untersagt wie der sorgenvolle Ausblick in eine ungewisse Zukunft der Kirche – als sei diese Zukunft ein schwarzes Loch, das wir aus eigener Kraft zu stopfen hätten. Die Zukunft der Kirche machen wir nicht. Wir empfangen sie.»[27]

---

27   Krause, Glänzende Aussichten?!, 306.

Was fehlte, wenn die Volkskirche fehlt?

Marisa Fuentes,
Anwältin, Zürich

Ich habe Mühe mit Dogmen und dem Verwaltungsapparat der Kirche. Aber ich schätze die Riten, die Begleitung durchs Jahr hindurch. Mir ist es wichtig, dass meine Kinder eine Basis im Glauben erhalten, wo auch immer sie sich als Erwachsene hinwenden werden. Dass sie sich mithilfe von Fachleuten Wissen über ihre eigene Tradition aneignen können. Auch vermittelt die Kirche wichtige Grundwerte wie Solidarität, Nächstenliebe und Ehrlichkeit, heute schon fast «Gegenwerte» in unserer Gesellschaft. Das darf auf keinen Fall verloren gehen.

Petra Klingenstein,
Mathematikdozentin an der PH Graubünden, Chur

Die Kirche kann für uns ein Ort des Vertrauens, der Gemeinschaft, der Besinnung und Sinnstiftung in unserem von Arbeit, Leistung und Freizeit effizient verplanten und manchmal von Beliebigkeit geprägten Leben sein. Sie gibt uns mit ihren – uns (noch) vertrauten – Ritualen einen Rhythmus im Leben sowie die Gelegenheit, innezuhalten, zur Ruhe zu kommen, uns auf uns selbst zu besinnen, loszulassen. Was also fehlt, wenn die Volkskirche fehlt?

Christoph Morgenthaler

Volkskirche – bescheiden, frech

Praktisch-theologische Thesen zur Zukunft der Volkskirche

Was vom Gegebenen in der Volkskirche zukünftig taugt? Ehrlich: Ich weiss es nicht wirklich. Ich weiss es wirklich nicht. An epochalen Zeitansagen mag ich mich nicht orientieren. Den Überblick habe ich nicht. Die Zeit der praktisch-theologischen Rundumschläge ist abgelaufen. Überhaupt sehe ich die Aufgabe der Praktischen Theologie nicht darin, mit spitzen Fingern die kirchliche Spreu vom Weizen zu trennen. Und doch, manchmal frage ich mich ernsthaft, wenn ich am Sonntag ergraute Häupter zähle, ob das Gegebene noch etwas taugt oder ob sich die Volkskirche nicht ganz neu erfinden und damit aufheben müsste.

Was also? Denk mal! So ist es wohl. Ohne Denken ist da nichts zu machen. Und eigentlich ist es ja sympathisch, hier zuerst einmal auf ein: «denk mal!» zu setzen. Eigentlich bin ich ja auch der Meinung, dass aus dem Denkmal Volkskirche – dieser historisch einzigartigen Form westeuropäischer Verfasstheit von Kirche – nur dann kein Denkmal wird, wenn auf einen reflexiven Ruck und nicht auf die fieberhafte Suche nach Wegen eines *Aggiornamento* gesetzt wird, auf die reflexive Verlangsamung des Handelns und den kategorischen, zukunftsorientierten Imperativ: «Denk mal!» Und hier kann ich mich als Praktischer Theologe auch in meinen alten Tagen dann doch ansiedeln und mal denken über eine Volkskirche, die auch in ihre Tage gekommen ist.

Denken hat für mich mit Bescheidenheit zu tun. Ich meine nicht jene Denkschwäche, die einen, gekoppelt mit Ideenlosigkeit, in volkskirchlichen Gefilden manchmal heimsucht. Nein, ich meine ein Denken, das sich seines Gegenstands nicht möglichst schnell begrifflich zu bemächtigen sucht, sondern sich ihm vorsichtig annähert, ihn umschleicht und umspielt, beklopft und kostet. Ich denke, ein solches Denken hat die Volkskirche verdient. Denn sie ist wirklich denkMal: ein absolut erstaunliches, einmaliges, religiöses Gebilde, demokratisch organisiert, transparent und rechenschaftspflichtig, pluralitätsfähig, sozialintegrativ, intellektueller Redlichkeit verpflichtet, bemüht, Religion als destruktive Kraft zu bändigen und als utopische Kraft zu retten, und offen, immer noch mal neu zu denken, was Evangelium und Kirche denn zeitgemäss bedeuten können.

Bescheidene Gedanken zu einer bescheidenen Kirche: das Beispiel Seelsorge

Also. Ich beginne mit der Seelsorge, jenem Tätigkeitsbereich, mit dem ich mich vor
allem beschäftigt habe, mit der Seelsorgebewegung, die ihrerseits schon fast zum
Denkmal geworden ist, so erstaunlich ist ihre Geschichte in den letzten fünfzig
Jahren verlaufen, oder vielleicht besser noch: Ich beginne mit einer Seelsorgebegegnung und stelle eine erste These auf: An jeder Seelsorgebegegnung lässt sich
ablesen, was an der Volkskirche zukunftsfähig ist.

Zum Beispiel an der Begegnung mit Herrn D., einem Mann in den besten
Jahren, der gerade seinen zweiten Herzinfarkt hinter sich gebracht hat und der
die Seelsorgerin im Spitalzimmer wie der Chef in seinem Büro empfängt.[1] Diese
nimmt freundlich Kontakt auf, hört und sieht genau hin, staunt über diese Red-
seligkeit und Geschäftigkeit, erkennt, wie gefährlich sie für Herrn D. eigentlich
werden kann, dosiert ihre Antworten, damit Herrn D.s Erregung nicht noch grösser wird, sondiert vorsichtig, wie sich dieser denn seine Zukunft vorstelle, nimmt
ebenso vorsichtig Partei für die Ärzte, von denen sich Herr D. sicher nichts vor-
schreiben lassen will, hilft ihm, ganz am Rande, ins Auge zu fassen, was sich in
seinem Leben wohl grundsätzlich ändern müsste, liest ihm nicht aus der Bibel
vor, verabschiedet sich nicht mit einem Gebet, hinterlässt kein Segenswort, aber
den Wunsch, dass Herr D. die richtigen Entscheidungen treffen werde. Herr D.
bedankt sich sehr für diesen Besuch.

Ich denke, eine Volkskirche ist zukunftsfähig, in der es zu solchen Begegnungen kommen kann. Das ist keineswegs selbstverständlich. In der Kirche wird
man diesen Mann kaum je antreffen, aber er gehört zur Kirche. Er befindet sich
am Rand und merkt es in seiner Geschäftigkeit gar nicht. Er hat die Seelsorgerin
nicht gerufen, aber sie kommt trotzdem und sucht mit feinem Gespür jene Worte,
die ihn, wenn auch nur um Millimeter, näher zu sich selbst bringen. Sie lässt ihn
durch ihre Präsenz und Person spüren, woher sie kommt, dass er in dieser Begegnung sein kann, wer er ist, ohne auf das festgelegt zu werden, was er ist, sondern
in Hoffnung auf das, was er noch werden kann.

Was ist an einer Volkskirche, die Seelsorge als ihre Muttersprache[2] versteht,
zukunftsfähig? Es ist eine bescheidene Kirche, die nicht auftrumpft, sondern sich
auf die Spuren dessen begibt, der in die Fremde gegangen ist.[3] Es ist eine Kirche,
die an den Brennpunkten heutigen Lebens und Leidens präsent ist. Es ist eine Kirche, die ihre Dienste – in diesem Fall ihre Seelsorgeangebote – entwickelt, betreibt

---

1   Hans van der Geest, Unter vier Augen. Beispiele gelungener Seelsorge, Zürich, 62002, 39ff.
2   Vgl. Petra Bosse-Huber, Seelsorge – die «Muttersprache» der Kirche, in: Anja Kramer/Frei-
      mut Schirrmacher (Hg.), Seelsorgliche Kirche im 21. Jahrhundert. Modelle – Konzepte –
      Perspektiven, Neukirchen/Vluyn 2005, 11.
3   Van der Geest glaubte, in der seelsorglichen Empathie «Strukturparallelen» einer kenoti-
      schen Christologie zu entdecken, vgl. a. a. O., 238–239.

und professionalisiert, in Kooperation mit Institutionen wie Spital oder Gefängnis. Es ist eine Kirche, die sich in ihren Vertreterinnen als kooperationsfähig und interdisziplinär gesprächsbereit erweist, mit Seelsorgerinnen und Seelsorgern, die sich auch als Menschen zur Verfügung stellen und Begegnungen aussetzen, in denen es um das Woher und Wohin des Lebens geht. Es ist eine Kirche, die jenen, die sich zu ihr zählen, zu spüren gibt: Du wirst gesehen, du wirst gehört, du wirst aufgesucht, man schaut dir nicht nur aufs Maul, sondern auch in die Augen. Es ist eine Kirche, die aus sich herausgeht, an die Grenzen, zu denen, die nicht zu ihr kommen, sondern längst schon gegangen sind und die Tür doch nicht zugeschlagen haben. Es ist eine Kirche, die vieles weiss über den Menschen – sein Können und seine Unfähigkeit, das zu tun, was ihm selbst und seinen Nächsten frommt, auch wenn dies ganz und gar unfromm ist – und lange nicht alles sagt. Es ist eine Kirche, die doch nicht stumm bleibt, sondern zu antworten weiss, aber so dass dies hilfreich, kontextspezifisch, personengerecht, lebensdienlich ist – auch wenn dies in einer Situation wie der eben beschriebenen heisst, die «Hand auf den Mund zu legen» (Hiob 21,5) und theologisches Reden für einen anderen Moment aufzuheben. Es ist eine Kirche, deren Seelsorgerin sich nicht verwirren lässt, wenn sie sich in einem Spitalzimmer plötzlich vorkommt wie im Zimmer eines Chefs, sondern die sich in Situationen zurechtfinden kann, in denen sich die unterschiedlichsten Deutehorizonte überschneiden und Handeln nie eindeutig sein kann und ein sehr feines hermeneutisches Gespür gefordert ist. Es ist eine Kirche, die sich die Voraussetzungen bewahrt, im Spital oder im Gefängnis oder auf der Unfallstelle präsent bleiben zu dürfen, weil ihre Mitarbeiterinnen und Mitarbeiter dort professionell einen Beitrag leisten können, den andere so nicht leisten können. Es ist eine Kirche, die in ihren unterschiedlichen Handlungsfeldern auch die Zeichen einer «postsäkularen» Zeit entdecken lernt.

Denn Seelsorgegespräche finden heute auch noch unter anderen Vorzeichen statt. Es könnte gut sein, dass Herr D. an Astrologie interessiert ist, oder an fernöstlichen Religionen, die so fernöstlich ja nicht sind, oder doch wenigstens an Spiritualität, wie er sie versteht, oder Muslim ist oder religiös uninteressiert. Und es könnte sein, dass die Seelsorgerin auf dem Flur einer Pflegefachfrau begegnet, die ebenfalls an «spirituellen» Fragen interessiert und eigentlich der Meinung ist, diese könnten von Pflegenden viel besser aufgenommen werden als von einer auf eine bestimme religiöse Tradition verbohrte Seelsorgerin. Eine Kirche hat Zukunft, die auch solche für sie unbequemen Zeichen der Zeit lesen kann – und daran denkt, dass Postsäkularität Säkularität nicht hinter sich lässt, sondern voraussetzt.

Gestern waren solche Gespräche, wie sie heute zu Hunderten geführt werden, noch Zukunft. Ich jedenfalls glaube mich noch zu erinnern, wie mich mein Vater, der Pfarrer war, als Kind zu Krankenbesuchen mitnahm, wohl um die Kranken etwas aufzuheitern und weil er in der damals dominierenden grossen Theorie, die

Seelsorge auch als «Kampfgespräch» verstand,[4] keine wirkliche Hilfe fand, schon gar nicht, wenn Frauen laut klagten, wie ich mich mit Schrecken erinnere. Ältere Pfarrer und Sonderlinge wurden auch später noch in Gefängnisse und psychiatrische Kliniken geschickt, weil sie dort offenbar am wenigsten Schaden anrichten konnten, und Seelsorge galt im Übrigen als eine Frage des gesunden Menschenverstands, eigentlich nicht lehr- und lernbar.

Heute ist Seelsorge breit verankert, professionalisiert, baut auf einer differenzierten Theoriebildung auf, für die das interdisziplinäre Gespräch unverzichtbar ist, wird von Männern und Frauen ausgeübt, die sich dafür während Jahren schulen lassen, wird von den Kirchen, die als Volkskirchen noch Geld haben, in Aus- und Weiterbildung unterstützt und allgemein gefördert. Mir scheint, die Seelsorgebewegung der letzten Jahrzehnte zeigt, dass Volkskirchen lernfähig sind – und sie werden es bleiben, und das ist gut so. Gestern waren Gespräche, wie sie heute zu Hunderten geführt werden, noch Zukunft. Morgen sind sie bereits Vergangenheit. Volkskirchen sind zukunftsfähig, wenn sie bleiben, wie sie nicht nur in den letzten fünfzig Jahren, sondern spätestens seit der Neuzeit waren und werden mussten: lernfähig, in Bewegung, offen, in Bildung, damit sie auch in Zukunft anders werden können.

Sucht man dies etwas abstrakter zu fassen, sind Volkskirchen heute in ihrer Seelsorge in Öffentlichkeit, Halböffentlichkeit und im höchst privaten Leben breiter aufgestellt, präsenter und gesprächsfähiger, weil sie auf grosse gesellschaftliche Trends wie die Individualisierung, die zunehmende gesellschaftliche Ausdifferenzierung oder die Professionalisierung geantwortet haben, indem sie ihre Sensorien für das Individuelle, Einmalige und Unverrechenbare schärften, ihre Dienste ebenfalls kontext- und situationsspezifisch ausdifferenzierten und ihre Mitarbeitenden unter grossem finanziellem und zeitlichem Aufwand zusätzlichen professionellen Schliff verliehen. Auf die gesellschaftliche Pluralisierung von Deutungssystemen und -mustern reagierten sie mit einer lebenswelt- und personenbezogen Schärfung der Hermeneutik, einem vertieften Verständnis für Menschen, die «lebenden Dokumente des Glaubens»[5], und suchten auch die geschriebenen Texte wieder so zu verflüssigen, dass sie zu sprechen begannen, wo Identität und Sinnfindung zur komplexen, nie abschliessbaren Daueraufgaben geworden sind. Sie flüchteten nicht zurück hinter neuzeitlich verfasste Autonomie und Selbstbestimmung, sondern wurden deren Begleiterinnen im Religiösen und lernten, Menschen dazu zu ermächtigen, in ihrem Leben die richtigen Entscheidungen zu treffen, wie dies auch die Seelsorgerin Herrn D. wünscht.

---

4   Vgl. Eduard Thurneysen, Die Lehre von der Seelsorge, Zürich 1946, 119.
5   Eine Leitmetapher der Seelsorgebewegung, die auf deren US-amerikanischen «Vater» Boisen zurückgeht; Anton T. Boisen, The Exploration of the Inner World. A Study of Mental Disorder and Religious Experience, Philadelphia 1936, 2nd. Ed.

Volkskirche hat nicht zuletzt Zukunft, wo sie eine enge und intensive Zusammenarbeit mit der Akademie, der Praktischen Theologie, aber nicht nur ihr, riskiert. Gerade Volkskirchen leben von einem lebendigen, kontroversen, nie abschliessbaren Dialog mit der Wissenschaft. Praktische Theologie im Besonderen kann Volkskirchen dabei in unterschiedlicher Weise hilfreich sein: Als eine empirische Wissenschaft versucht sie sich immer neu in möglichst präzisen Diagnosen dessen, was ist und was war und was möglicherweise kommt (und wahrscheinlich doch nicht eintrifft). Als eine hermeneutische Wissenschaft versucht sie immer neu zu bestimmen, wie Evangelium und Situation miteinander «versprochen» werden können (und zu verstehen, warum sie doch immer wieder auseinandergehen müssen). Als eine kritische Wissenschaft hinterfragt sie immer neu gegebene Praxis- und Denkformen der Volkskirche (und bekräftigt in dem, was gelingt). Als Handlungswissenschaft ist sie darauf aus, Welt nicht nur zu deuten, sondern zu verändern (und sie zu verändern dadurch, dass sie diese neu deutet). Als eine utopische Wissenschaft hält sie den Raum der Möglichkeiten offen und entwickelt Visionen dessen, was sein könnte, und unterstützt Volkskirchen darin, etwas mehr so zu werden, wie sie sein könnten (wenn sie nicht so wären, wie sie sind). Solches Theoretisieren ist in Volkskirchen ein nicht immer willkommener Gast. Praktische Theologie ist mit ihrer Theorie ein unbequemer Gast in Volkskirchen, der sagt: denk mal! Ich vermute, dass Volkskirchen einen Teil ihrer Zukunft verscherzten, wenn sie nicht auch in diese Richtung gastfreundlich wären und blieben.

Natürlich müssten nun auch die anderen Tätigkeitsgebiete der Volkskirche mit ebenso grosser Vorsicht wie die Seelsorge darauf hin befragt werden, was sie denn Zukunftsträchtiges in sich tragen und wie dies ans Licht gebracht werden kann. Ich kann dies hier nicht tun. Darauf verstehen sich andere besser als ich. Ich versuche hier noch etwas anderes. Der Imperativ: «denk mal!» hat auch etwas Freches. Denken sprengt Denkmäler des Denkens. Wahrscheinlich muss auch das noch gesagt werden: Volkskirchen werden nicht zu Denkmälern, solange sie sich die Fähigkeit bewahren, nicht nur bescheiden, sondern auch frech zu denken.

Einige nicht allzu freche Thesen zur Zukunftsfähigkeit von Volkskirche

Ich weiss nicht, ob das, was ich jetzt noch zu sagen habe, frech genug ist. Ich stelle zum Schluss einige Thesen in den Raum einer unbekannten Zukunft. Sie beziehen sich auf ganz unterschiedliche Facetten der Volkskirche. Ich kann sie nicht sorgfältig ableiten und nicht sorgfältig ausführen. Sie sind auch etwas wahllos zusammengekommen, haben mich in Gedanken an die Zukunft von Kirchen mit grosser Vergangenheit heimgesucht. Ich bringe sie mit dem besten Willen nicht unter einen theoretischen Hut. Und die Zwischenräume sind fast so wichtig wie die Thesen selbst.

Zukunft lässt sich nicht machen, herstellen, herbeizwingen. Auch eine Zukunft der Volkskirchen nicht. Zukunft lässt sich nur einladen. Zukunft lässt sich nur aus dem Gegenwärtigen herausschnüffeln und ins Gegebene hineinblasen.

*

Volkskirche ist nicht dort, wo ein ganzes Volk zu ihr gehört, sondern dort, wo sie zu einem ganzen Volk gehört und dessen Gemeinwohl im Sinn hat.

*

Die Zukunft der Volkskirche kann man lesen in den Augen von Kindern im Familiengottesdienst, in den Budgets und Bilanzen, den religionssoziologischen Untersuchungen, den Resultaten des *trial and error*, das pfarramtliches Handeln heisst. Wer Augen hat zu sehen, der sehe.

*

Theologisch zentral ist auch in der Volkskirche der Gottesdienst. Sagt man. Stimmt ja auch. Aber wenn sich Volkskirchen einseitig so definieren und daran orientieren, werden sie nicht nur von den Medien immer neu und in immer gleichbleibender Eintönigkeit an der Fessel fotografierter halbleerer Kirchen vorgeführt, sondern beginnen selbst, sich so zu sehen. Genauso wichtig sind: Diakonie, Kasualien, pädagogisches Handeln, Finanzen und politische Verfasstheit, Öffentlichkeitsauftritt, Seelsorge. Der ganze Gemischtwarenladen eben. Es braucht viel Überzeugungsarbeit, dass wenigstens dieser Gemischtwarenladen nicht auch noch stirbt. Und einiges an Gottvertrauen.

*

Volkskirche hat Zukunft, wo sie das Volk nicht nur als zu bedienende Zielgrösse, sondern auch als «Gottes Volk» versteht, dieses als Subjekt sieht, handeln lässt, begleitet und unterstützt.

*

Volkskirche hat Zukunft, wo sie genau hinhört. Das heisst: wo sie nicht nur hinhört, um zu verstehen, wie Menschen ticken, damit sie sich selbst neu verkaufen und ihre Botschaften besser mundgerecht machen kann, sondern hinhört, einfach hinhört, was so einfach und so schwierig ist. Wer gut hinhört auf das Andere, Fremde, Unbekannte, Leise, vergisst den dauerpräsenten kirchlichen Tinnitus. Wer gut hinhört, verändert sich im Hören. Wer gut zuhört, hört das Wispern des ganz Anderen.

*

Volkskirche bleibt sozial und theologisch kreativ, wo sie nicht immer dieselben, sondern auch neue Fehler macht, Praxisformen riskiert, die nicht zukunftsfähig sind, um herauszufinden, was zukunftsfähig sein könnte, Fehler kultiviert, damit auf ihnen Neues wachsen kann, stolpernd geht, fallend aufsteht.

*

Was lässt sich an Zukunft wittern in einer Kirche, die «kleiner, älter, ärmer» wird?[6]

---

6   Vgl. Jörg Stolz/Edmée Ballif, Die Zukunft der Reformierten. Gesellschaftliche Megatrends – kirchliche Reaktionen, Zürich 22010.

Vielleicht befähigt sie dies, noch besser Advokat der Kleinen, Armen, Alten und Veralteten zu werden, jener ohne Stimme, jener mit anderer Religion. Vielleicht lernt sie noch besser, in ihnen sich selbst zu finden. Kirchenentwicklung kann jedenfalls nicht heissen: Volkskirchen, hau ruck, in jene Position zu bringen, die durch Freikirchen bereits besetzt ist.

*

Volkskirche hat Zukunft, wo sie ihre Gemächlichkeit beschleunigt und entdeckt, dass langsam manchmal schneller ist.

*

Volkskirche hat Zukunft, wo sie sie sich der Dialektik bewusst ist, dass sie Religion transportiert und darüber hinausweist. Sie wird als Verkörperung von Religion an ihren Funktionen, an ihrer Geschichte und ihren Leistungen gemessen, wie andere Religionen auch. Zugleich trägt ihre Religion den Stachel der Transzendierung von Religion in sich.

*

Volkskirche hat Zukunft, wo sie ihr Verhältnis zur Politik und den gesellschaftlichen Institutionen, das mit ihrer juristischen Verfasstheit zusammenhängt, immer neu reflektiert, überprüft, gestaltet, so dass es im Prinzip auch für andere Religionsgemeinschaften vorbildlich sein (und bleiben) kann.

*

Volkskirche hat Zukunft, wo sie den Clinch mit der Wissenschaft riskiert, ihr Handeln und ihre Botschaft der Rationalität aussetzt, von einer durch und durch säkularen Zeit nicht vorschnell in eine postsäkulare Welt enteilt, aber auch sieht, wo Säkularität ihre Sprünge aufweist.

*

Volkskirche hat Zukunft, wo sie sich selbst ganz ernst nimmt und sich zugleich auf das Spiel der Ironie einlässt, auf den Gedanken, dass alles noch ganz anders sein könnte als ihr gutes Bemühen und bemühtes Guttun, auf die Poesie des Unbekannten.[7]

*

Volkskirche hat Zukunft, wo sie ihre territoriale Verfasstheit behält, ohne an diesem Boden klebenzubleiben.

*

Bleibt die Volkskirche? Zeitdiagnosen wechseln.

*

Volkskirche ist wie eine gute alte Tante. Ich möchte nicht dabei sein, wenn der Streit um ihr Erbe losgeht. Und eigentlich möchte ich überhaupt nicht, dass sie stirbt. Weil ich sie liebe. Diese schreckliche, gute, alte Tante.

---

7   Vgl. Christoph Morgenthaler, Praktische Theologie, Ironie und Poesie, in: Praktische Theologie heute 101, 2012, 359–370.

C – See und Fluss

Was fehlte, wenn die Volkskirche fehlt?

Erika Frei,
Ergotherapeutin, Winterthur

Was ich vermissen würde:
Dass es einen Ort gibt, wo niemand verurteilt wird, egal was jemand gemacht hat.
Wo jeder und jede ein eigenes Jesusbild und Gottesbild haben kann.
Wo man keine Leistung bringen muss.
Wo Respekt und Achtung die tragenden Pfeiler sind.

Barbara Müller,
Logopädin, Biel

Mir würde das gesellschaftliche Engagement der Kirche fehlen. Die Kirche hat ja auch ein Wächteramt. Sie ist zwar nur ein kleiner Teil der Gesellschaft, aber sie hat den Anspruch, zur ganzen Gesellschaft zu sprechen. Das ist für mich Volkskirche.

Alfred Aeppli

Gesunde Gemeinden sind zukunftsfähig

Zentrum und Peripherie

Übergang gestalten statt Untergang verwalten

Die Welt verändert sich, und auch die Kirche wird nicht bleiben, wie sie ist. Die herkömmlichen Volkskirchen stehen unter Druck. Die Studie von Jörg Stolz und Edmée Ballif über «die Zukunft der Reformierten» lässt sich zusammenfassen mit der Kurzformel: Die Reformierten werden «kleiner, älter, ärmer».[1] Auch der katholische Religionssoziologie Paul Zulehner ist überzeugt, dass die traditionelle Kirchengestalt stirbt.[2] Die Kirche als Kirche des ganzen Volks ist Vergangenheit. Es stirbt die Kirche mit dem Pfarrhaus in jedem Dorf, in dem abends die Lichter brennen – die Kirche mit den grossen finanziellen Spielräumen, die Kirche, die durch ihren Lebensrhythmus mit dem gemeinsamen Sonntag die Kultur einer Stadt prägt. Auch der christliche Glaube wird mit einer Negativbilanz an die nächste Generation weitergegeben, und die religiösen Werte verlieren in der Öffentlichkeit an Gewicht.[3]

Solche Beobachtungen schmerzen jene, die in der Volkskirche geborgen und ihrem Glauben treu waren. Doch Michael Herbst, Professor für Praktische Theologie in Greifswald, stellt die These auf: «Die Kirche Jesu hat Zukunft, aber nicht jede Kirche hat Zukunft.»[4] Mit der Kirche Jesu meint er die Kirche im geistlichen

1   Jörg Stolz/Edmée Ballif, Die Zukunft der Reformierten. Gesellschaftliche Megatrends – kirchliche Reaktionen, Zürich 2010, 67: «An vielen Orten der Schweiz kommt es zum Schrumpfen und manchmal gar zum Verlust der reformierten Kerngemeinde.»

2   Vgl. Interview mit Paul M. Zulehner in der Zeitschrift echt. evangelisch. engagiert., 3E 3/2014, 56.

3   Vgl. Jörg Stolz u. a., Religiosität in der modernen Welt. Teilbericht des Nationalen Forschungsprogramms NFP 58, 2011; http://www.nfp58.ch/files/downloads/Schlussbericht__Stolz.pdf, S. 23 (Zugriff am 31.10.2014): «Religiöser Glaube verliert buchstäblich an Wert.»

4   Michael Herbst, Referat «Wie die Kirche Zukunft hat», Leipzig 2014; http://www.theologie.uni-greifswald.de/fileadmin/mediapool/IEEG/Dokumente/Vortraege/IEEG_-_Download_-_MH_-_Willow_Creek_2014.pdf, S. 3 (Zugriff am 31.10.2014).

und theologischen Sinn, jene Kirche also, die Salz der Erde,[5] Licht der Welt,[6] Leib Jesu,[7] Gottes Volk[8], der Brief des Herrn an die Welt[9] ist. Diese «eine, heilige, apostolische und katholische Kirche»[10] in ihrer geistlichen Gestalt stirbt nicht.

Anderseits ist die Kirche in ihrer irdischen Gestalt schon in den Sendschreiben der Offenbarung nicht sakrosankt. Die kleinasiatischen Gemeinden werden kurz nach ihrer Gründung gewarnt vor ihrem Niedergang.[11] Sie werden zur Umkehr gerufen, weil sie die erste Liebe verlassen haben, unchristlichen religiösen Bräuchen nachleben, überheblich und stolz und im Glauben lau geworden sind. Im Bild der Sendschreiben wird jede Gemeinde mit einem Leuchter verglichen.[12] Hören sie nicht auf die prophetischen Mahnungen, dann kann es sein, dass ihr Leuchter umgestossen wird. Dann geht das Licht aus, und eine Gemeinde oder Kirche kann von der Landkarte verschwinden.

In welchem Verhältnis steht nun die Kirche im geistlichen Sinn, nämlich als Leib Jesu, zur irdisch verfassten Kirche? Die beiden sind zu unterscheiden, sie sind nicht identisch. Aber die beiden lassen sich auch nicht trennen, sie sind verbunden. Die irdischen Kirchen mit ihren lokalen Gemeinden sind der Ort, wo die geistliche Kirche sich ansiedelt. Im Gemeindeleben vor Ort soll etwas von der Gegenwart des Leibes Jesu sichtbar und erlebbar werden.

Was heisst das für die gegenwärtige Situation der Volkskirchen? Die kirchlichen Gremien sind herausgefordert, Formen und Strukturen zu ändern. Dabei besteht die Gefahr, krampfhaft alte Privilegien zu verteidigen. Doch es wären neue Visionen nötig. Paul Zulehner kritisiert die Betriebsamkeit der Kirchenleitungen: «Der derzeitige Kirchenumbau dreht sich mehr um Strukturen als um Visionen. Mehr um Geld als um Gott.»[13] Er plädiert für den Primat der Visionen vor den Strukturen: «Wer sich weigert, nur den Untergang zu verwalten, sondern entschlossen ist, kreativ einen Übergang zu gestalten, wird sich nicht zuerst um Strukturen, sondern um Visionen kümmern.»[14] In diese Richtung weisen auch die Folgerungen aus der Gesprächssynode 2013 der Reformierten Kirchen Bern-Ju-

---

5   Vgl. Mt 5,13.
6   Vgl. Mt 5,14.
7   Vgl. 1Kor 12,27; Eph 1,23; 5,23; Kol 1,18; 1,24.
8   Vgl. 1Petr 2,9.
9   Vgl. 2Kor 3,3.
10   Vgl. Nizänisches Glaubensbekenntnis.
11   Vgl. Offb 2,1–3,22.
12   Vgl. Offb 1,12; 1,20.
13   Paul M. Zulehner, Kirchenvisionen. Orientierung in Zeiten des Kirchenumbaus, Mannheim 2012, 20.
14   A. a. O., 149.

ra-Solothurn: «Die Gottesfrage soll vor allen Strukturfragen im Zentrum der kirchlichen Arbeit stehen.»[15]

Kirchenvisionen entwickeln

Es stellt sich allerdings die Frage, wo neue Visionen entfaltet und in welche Strukturen sie inkarniert werden sollen. Für die nötige Transformation der reformierten Schweizer Volkskirchen ist eine Top-down-Strategie nur mühsam umsetzbar. Das haben die bisherigen Bemühungen um eine Verfassungsrevision des Schweizerischen Evangelischen Kirchenbunds gezeigt. Schlanker wäre der Weg von unten nach oben, von lokalen Gemeinden zu übergeordneten Körperschaften. Das bedeutet, dass Visionen in einzelnen Gemeinden entwickelt werden und im Gemeindeleben vor Ort umzusetzen sind. Die Ortsgemeinde ist die Brutstätte von innovativen Entwicklungen. Hier können neue Modelle erprobt werden.

Schlüsselpersonen, die in der eigenen Gemeinde ermutigende Erfahrungen machen, tragen diese dann auch in Synoden und Kirchenleitungen hinein. Eine fruchtbare Wechselwirkung zwischen lokalen und übergeordneten kirchlichen Gremien ist erwünscht. Bei den folgenden Erwägungen liegt der Fokus auf Entwicklungen in der lokalen Gemeinde – im vollen Bewusstsein, dass auch die gesamtkirchlichen Strukturen zu diskutieren sind.

Bei der Entwicklung von Kirchenvisionen sind Ausgangspunkt und Zielrichtung entscheidend. Ausgangspunkt der Kirche ist die Sendung von Jesus Christus. Das Ziel ist eine vom Heiligen Geist bewegte Gemeinschaft von Menschen mit einer lebendigen Gottesbeziehung. Wir müssen am Anfang anfangen, also bei Jesus Christus selbst. Er hatte zur Zeit seines Auftretens eine unvergleichliche Ausstrahlung. Wo er hinkam, waren die Leute erstaunt über die Vollmacht seiner Lehre.[16] Er trat mit grosser Weisheit auf und konnte die Hörer in ihrer persönlichen Lebenslage ansprechen. Er hat geheilt und Wunder gewirkt. Davon erzählte man überall in der umliegenden Gegend.[17] Als er am See predigen wollte, musste er in ein Boot steigen, weil die vielen Leute ihn bedrängten.[18] In Jericho gab es ein so grosses Gedränge, dass der klein gewachsene Zachäus ihn nicht sehen konnte.[19] Die Leute wollten Jesus sehen und hören, ihm begegnen und von ihm berührt werden. Das steigerte sich noch nach Karfreitag, Ostern und Pfingsten. Am Pfingstfest liefen Tausende zusammen, um die erstaunliche Nachricht zu hören, dass

---

15 Vgl. http://www.refbejuso.ch/fileadmin/user_upload/Downloads/Synode/Gespraechssynode
/KK_MED_Gespraechssynode_130424.pdf. (Zugriff am 31.10.2014).
16 Vgl. Mt 7,28–29.
17 Vgl. Lk 4,37; 7,17.
18 Vgl. Mt 13,2; Mk 3,9.
19 Vgl. Lk 19,3.

Christus auferstanden sei. Nun wurde die Kirche schon bald als «Leib Christi» bezeichnet. Die verbindende Substanz dieses Leibs ist der Glaube. Jesus Christus ist der Anfänger und Vollender dieses Glaubens und damit auch der «Anfänger und Vollender der Kirche»[20].

Wäre es zu verwegen, die Anziehungskraft von Jesus Christus auch von seinem gegenwärtigen Leib in der irdischen Gestalt der Kirche zu erwarten? Die Erfahrung lehrt, dass uns die geistlichen Schätze nur in menschlichen Gefässen, gebrochen und begrenzt zur Verfügung stehen. Doch die Vision, dass Christus in der Kirche mit seiner Kraft anwesend ist, wird auch die Ausstrahlung des Gemeindelebens beeinflussen.[21] Zulehner beschreibt seine Kirchenvision aus der Dynamik der Gottesbeziehung heraus: «Es wird eine Kirche sein, die aus einer persönlichen Glaubensentscheidung moderner Menschen geboren wird. [...] Sie erkunden jene Begabungen, die ihnen von Gottes Geist als Charisma verliehen wurden. Diese entfalten sie eigenverantwortlich und sorgen dafür, dass sie für das Wohl der Kirche zum Tragen kommen. Diese Überzeugt-Entschiedenen werden die wichtigsten Zeugen für das Evangelium sein: unter den Menschen, mit denen sie beruflich arbeiten, in den Medien, in der Politik, in Gewerkschaften, in der Wirtschaft, in Kunst und Kultur.»[22]

Gesundheit von Gemeinden fördern

Eine zukunftsweisende Gemeindeentwicklung wird von glaubenden Menschen getragen, welche die zentralen Inhalte des christlichen Glaubens in verständlicher Sprache und mit entsprechendem Verhalten leben und vermitteln.[23] Sie werden dabei nicht zuerst das Wachstum der Gemeinde suchen, sondern eine gesunde Entwicklung anstreben. Nicht die einzelne Aktion steht im Vordergrund, sondern das Fragen nach Gottes Wegen in den je verschiedenen Situationen.

Spannend ist die Frage, worin sich aufblühende Gemeinden von anderen unterscheiden. Die relevanten Kennzeichen wiederholen sich von England über Deutschland bis in unsere Schweizer Kirchgemeinden hinein. Der Engländer

---

20 So der Titel der Ekklesiologie vom Walter Mostert, Jesus Christus – Anfänger und Vollender der Kirche. Eine evangelische Lehre von der Kirche, Zürich 2006.

21 Vgl. Alfred Aeppli und Iwan Schulthess beschreiben am Beispiel von Jegenstorf die Vision einer Kirche mit Anziehungskraft, in: Schmid Hans (Hg.), Angebot der Volkskirchen und Nachfrage des Kirchenvolks, Wien und Berlin 2009, 203–215.

22 Zulehner, Kirchenvisionen, 133.

23 Vgl. Alex Kurz, Zeitgemäss Kirche denken. Analysen und Reflexionen zu einer postmodernen kirchlichen Erwachsenenbildung, Stuttgart 2007, 276: «Es ist notwendig, dass Kirche im Umfeld des Marktes ihr christliches Profil behält (oder wieder findet) und Wege erschliesst, ihre Wahrheit verständlich und plausibel werden zu lassen.»

Robert Warren nennt in seinem «Healthy Churches' Handbook» einschlägige Merkmale.[24] Schon der Titel verrät die Richtung. In seiner Untersuchung von anglikanischen Gemeinden steht nicht das Wachstum, sondern die Gesundheit der Gemeinde im Zentrum. Er fragt nicht nach erfolgreichen Modellen, sondern nach der inneren Motivation. Gesunde Gemeinden sind gemäss seiner Beobachtung vom Glauben begeistert, sind eher nach aussen als nach innen gerichtet und sind auf der Suche nach dem, was Gott von ihnen will. Sie nehmen das Risiko auf sich, neue Wege auszuprobieren. Sie handeln gemeinschaftlich und pflegen ehrliche Beziehungen. Für möglichst alle, die hinzukommen, schaffen sie einen offenen Raum. In ihren Arbeitsgebieten konzentrieren sie sich auf wenige Schwerpunkte und geben dort ihr Bestes.[25]

In vitalen Gemeinden hat das hörende Gebet eine zentrale Stellung. Das persönliche und gemeinsame Gebet, liturgisch oder frei formuliert, wird von Behörden, Angestellten und Freiwilligen regelmässig gepflegt. Vor diesem Hintergrund lassen sich schrittweise Programme und Aktivitäten entwickeln, die sich positiv auf das Gemeindeleben auswirken.

Neue Beobachtungen über die Stabilität kirchlichen Lebens legt das Team des Lausanner Religionssoziologen Jörg Stolz in der Studie «Phänomen Freikirchen» vor. Es ist für diese Forscher erstaunlich, wie gut sich die Freikirchen behaupten können: «Das evangelisch-freikirchliche Milieu kann sich in einer Gesellschaft halten, die stark von der Konkurrenz des Religiösen und des Säkularen geprägt ist, weil es ein wettbewerbstarkes soziales Milieu ist.»[26] Einerseits bewahren die Freikirchen traditionelle christliche Grundwerte. Die Christus-Beziehung steht im Zentrum. Anderseits reagieren sie beweglich auf gesellschaftliche Trends.[27] Dazu gehört eine breite Palette von Angeboten und Projekten, bei denen zahlreiche Gemeindeglieder aktiv eingebunden sind.

Ein wesentlicher Faktor einer gesunden Entwicklung ist auch das missionarische Selbstverständnis. Hans-Herrmann Pompe, Leiter des EKD-Zentrums «Mission in der Region», analysiert die missionarischen Chancen der herkömmlichen Volkskirche: «Mit der Formel institutionelle Kirche als missionarisches Forum können falsche Alternativen vermieden werden: Tradition und Aufbruch, Neuge-

24 Vgl. Robert Warren, The Healthy Churches' Handbook. A Process for Revitalizing Your Church, London 2004.

25 Vgl. Zusammenfassung in der deutschen Übersetzung des Healthy Churches' Handbook, Robert Warren, Vitale Gemeinde. Ein Handbuch für die Gemeindeentwicklung, Neukirchen-Vluyn 2013, 62–64.

26 Jörg Stolz/Olivier Favre/Caroline Gachet/Emmanuelle Buchard, Phänomen Freikirchen. Analysen eines wettbewerbsstarken Milieus, Zürich 2014, 352.

27 Vgl. a. a. O., 353: «Trotz anderweitiger kursierender Vorurteile und Meinungen ist das evangelisch-freikirchliche Milieu anpassungsfähig. Es hält an einem Kern von Überzeugungen fest, übernimmt aber die heutigen gesellschaftlichen Entwicklungen.»

staltung und Bewahrung, Ortsgemeinden und freie Initiativen, synodale Kirchenleitung und kleine Gruppen können sich wechselseitig als Erscheinungsformen
der Kirche Jesu wertschätzen.»[28] Und er ergänzt: «Wir dürfen auch zum Christ-
werden, zum Glauben an den in Jesus zu uns gekommenen Gott einladen.»[29]
Fragende Menschen, die sich bewusst für den Glauben entscheiden, sind ein Jung-
brunnen für das Gemeindeleben.

Gemeindeleben gestalten

Welche Beobachtungen in vitalen anglikanischen und freikirchlichen Gemeinden
sind für die Entwicklung der volkskirchlichen Gemeinden in der Schweiz wegwei-
send? Zunächst gilt es, die Menschen in einer Gemeinde mit ihrer persönlichen
Prägung wahrzunehmen. Die meisten lassen sich gemäss der Beobachtung des
Mitarbeiterteams einer Berner Kirchgemeinde einer der folgenden vier Gruppen
zuordnen.[30]
   Die erste Gruppe bilden *engagiert-christliche Mitglieder*. Sie wirken mit im
aktiven Kern der Gemeinde und pflegen eine persönliche Glaubensbeziehung zu
Jesus Christus. Bei vielen Anlässen übernehmen sie Verantwortung entsprechend
ihren Begabungen. Sie besuchen häufig den Gottesdienst. Viele sind in Hauskreisen oder Dienstgruppen verbunden und wollen auch im alltäglichen Umfeld den
Glauben bezeugen und danach leben. Quer verteilt durch alle Altersgruppen gehören etwa fünf Prozent der Gemeindeglieder zu dieser Gruppe.
   Die zweite Gruppe bilden *traditionell-kirchliche Mitglieder*. Sie schätzen die
gewachsenen reformierten Traditionen und sind in einem gottesfürchtigen Glauben verwurzelt. Sie nehmen sporadisch an Gottesdiensten teil und sind vor allem
an den kirchlichen Feiertagen dabei. Lebensdienliche Predigten und gut inszenierte
Kasualien sind ihnen wichtig. Punktuell wirken sie bei kirchlichen Anlässen mit,
und ihr Interesse gilt auch historischen und gesellschaftlichen Themen. Das sind
etwa zehn Prozent der Gemeindeglieder, die meisten über 50-jährig.
   Die dritte Gruppe bilden *wohlwollend-distanzierte Mitglieder*. Sie verhalten
sich loyal zur Kirche und nutzen deren Dienste vor allem bei Lebensübergängen.
Die Einstellungen zum Glauben variieren in einer grossen Bandbreite. Urvertrauen
oder vielfältige Formen der Spiritualität gehören dazu. Sporadisch nehmen sie teil
an Gottesdiensten mit Musik- und Gesangsvereinen oder Unterweisungs-Grup-

---

28 Hans-Hermann Pompe, Mitten im Leben. Die Volkskirche, die Postmoderne und die Kunst
     der kreativen Mission, Neukirchen-Vluyn 2014, 24.
29 A. a. O., 28.
30 Vgl. die interne Diskussionsgrundlage des Kirchenkreises Jegenstorf, 2011: «Was für eine
     Gemeinde wollen wir sein?» Jegenstorf ist eine ländliche Gemeinde in der Agglomeration
     Bern und zählt im Kirchenkreis 4300 Reformierte.

pen. Sie sehen die Kirche als sichere Adresse, wenn man sie nötig hätte. Etwa zwei Drittel der Gemeindeglieder gehören zu dieser Gruppe.

Die vierte Gruppe sind *kritisch-distanzierte Mitglieder*. Sie fühlen sich kaum zugehörig und beteiligen sich nicht am Gemeindeleben. Persönliche Freiheit in Glaubensfragen ist ihnen besonders wichtig. Viele von ihnen werden aus der Kirche austreten. Einige sind auf der Suche und fragen sich, ob Kirchenleute als Gesprächspartner hilfreich wären. Etwa ein Fünftel der Gemeindeglieder, vorwiegend in der jüngeren Altersgruppe, zählt dazu.

In dieser Pluralität gilt es, das Gemeindeleben fruchtbar zu gestalten. Kirchliche Dienstleistungen an den Lebensübergängen werden nach wie vor gefragt sein, wenn auch in abnehmender Zahl. Blühendes kirchliches Leben wird sich allerdings bloss mit Kasualien kaum entfalten. Die Gemeinde lebt vor allem von jenen, die sich im Kern der Gemeinde als engagierte Christen oder traditionelle Kirchenmitglieder freiwillig beteiligen. Sich bloss auf diese Gruppen zu beschränken, wäre indessen eine fatale Engführung. Verheissungsvoller ist der Weg von innen nach aussen, vom Gemeindekern zu den Distanzierten, vom Kirchgemeindehaus in die Häuser des Dorfs und der Stadt. Umgekehrt ist auch der Weg von aussen nach innen im Netzwerk von vielfältigen Beziehungen offen zu halten. In gesunden Gemeinden finden immer wieder neue Menschen den Zugang zur Kirche, zum Glauben, zu Christus.

Die kirchliche Arbeit kann sich an Formen aus aufgeschlossenen freikirchlichen Kreisen anlehnen und diese in die volkskirchliche Offenheit integrieren. Dabei ist der Begriff der Mission neu zu verstehen und anzuwenden. Martin Reppenhagen nennt es den «Weg zu einer missionalen Kirche». Er braucht diesen aus dem englischen Sprachraum eingeführten Begriff für eine Gemeinde, die nicht nur im klassischen Sinn missionarisch handelt, sondern sich selbst in ihrem Sein als «missional» versteht.[31] Engagierte Christen im Kern der Gemeinde leben ihren Glauben so, dass auch andere daran teilhaben, die bisher mehr oder weniger Distanz zum Gemeindeleben hatten. Die missionale Kirche konkretisiert sich in der Gemeinschaft der Christen vor Ort, die ihren Glauben im gewöhnlichen Alltag aufrichtig und leben und bezeugen.

Damit wird klar, dass die herkömmliche Komm-Struktur allein nicht genügt. Traditionell wird erwartet, dass die Menschen kommen und an Anlässen der Gemeinde teilnehmen. Doch der Trend läuft in jene Richtung, dass sie zunehmend wegbleiben. Darum ist die Komm-Struktur zu ergänzen durch eine Geh-Struktur. Eine Vernetzung der Gemeinde mitten im Leben der Dorf- oder Quartierbevölke-

---

31 Vgl. Martin Reppenhagen, Auf dem Weg zu einer missionalen Kirche, Neukirchen-Vluyn 2011, 4: «Mit dem Neologismus ‹missional church› wird dabei ein Paradigmenwechsel benannt, der mit der traditionellen Vorstellung, dass Mission eine kirchliche Tätigkeit unter anderen ist, bricht und dafür von Mission als dem Wesen der Kirche spricht.»

rung ist nötig, um Menschen in grösserer Distanz zur Gemeinde anzusprechen. Diese Geh-Struktur lässt sich am einfachsten den täglichen Beziehungslinien entlang aufbauen. Engagierte Gemeindeglieder stellen die Brücke zu denen her, die von sich aus den Zugang zum Gemeindekern kaum finden. Die deutsche Untersuchung «Wie finden Erwachsene zum Glauben?» hat gezeigt, dass die alltäglichen Beziehungen den persönlichen Weg des Glaubens wesentlich beeinflussen.[32] Einzelne niederschwellige Anlässe können eine Tür öffnen zu einem schrittweise wachsenden Engagement in der Gemeinde. Auf diesem Weg ergänzen sich ansprechende Gottesdienste und lebensdienliche Angebote in den vielfältigen Arbeitsgebieten der Gemeinde als wachstumsfördernde Faktoren.

Visionen umsetzen

Welche konkreten Tätigkeiten, Angebote und Lebensformen lassen sich in gesunden Gemeinden beobachten? Seit 2011 besuchte Paul Baumann im Auftrag der evangelisch-reformierten Kirche des Kantons St. Gallen Kirchgemeinden in der Deutschschweiz, die ihm als «lebendig» empfohlen wurden.[33] Es ist aufschlussreich zu sehen, dass sich das gesunde Gemeindeleben auch bei unterschiedlichem theologischem Hintergrund der Verantwortlichen immer wieder in ähnlichen Formen äussert.

In den meisten vitalen Gemeinden gehören gemäss den Erhebungen von Baumann vier Bereiche zum Kern der Innovation: 1. Gottesdienste erneuern, 2. Glaubenskurse regelmässig anbieten, 3. Kleingruppen oder Hauskreis niederschwellig einführen, 4. Arbeit mit Familien und Kindern ausbauen.[34] Auch die Untersuchung von 32 wachsenden Gemeinden in Deutschland durch Wilfried Härle und sein Team nennt die Erneuerung des Gottesdienstes als Schlüsselfaktor.[35] Solche Gemeinden haben mindestens eine regelmässige Gottesdienstform mit modernen Stilmitteln eingeführt. Worship und Musik, kreative Elemente und lebensnahe

32 Vgl. Johannes Zimmermann/Anna-Konstanze Schröder u. a. (Hg.), Wie finden Erwachsene zum Glauben? Neukirchen-Vluyn 2010, 111: «Wichtig sind dabei engagierte Christen, die Beziehungen und Kontakte über den kirchlichen Kontext hinaus knüpfen (...) Schliesslich wird es darauf ankommen, dass Christen nicht unter sich bleiben, sondern sich für andere öffnen, etwa am Arbeitsplatz.»
33 Vgl. den internen Bericht von Paul Baumann, Arbeitsstelle Gemeindeentwicklung und Mitarbeiterförderung, St. Gallen 2014: Gemeindebesuche – Beobachtungen.
34 A. a. O., 11.
35 Vgl. Wilfried Härle/Jörg Augenstein/Sibylle Rolf/Anja Siebert, Wachsen gegen den Trend. Analysen von Gemeinden, mit denen es aufwärts geht, Leipzig 2008, 319: «Die an dieser Untersuchung beteiligten Gemeinden haben durchweg die Erfahrung gemacht, dass der Gottesdienst das Zentrum und Herzstück des Gemeindelebens und Gemeindewachstums bildet.»

Themen prägen solche Feiern. Daneben behält auch der klassische Gottesdienst mit Orgelmusik seinen Platz. Die verschiedenen Stilformen ergänzen sich gegenseitig.

Ein weiteres Element sind die Glaubenskurse. Diese sind ein wichtiger Schritt, um interessierten Menschen eine Tür zu einem autonomen und diskussionsfähigen Glaubensleben zu öffnen. Dabei finden Erwachsene verschiedenen Alters zu einer persönlichen Gottesbeziehung. Oft möchten sie dann auch in der Gemeinde aktiv mitarbeiten.

In Hauskreisen und Kleingruppen können Lebens- und Glaubensfragen diskutiert werden. Diese Gruppen engagieren sich oft auch bei Veranstaltungen wie einer Gemeinde-Grillparty, einem Bibelkurs, einem Familien-Wochenende. Der Einbezug von Familien im Gemeindeprogramm ist unerlässlich, damit die mittlere Generation nicht verschwindet. Mit Besuchen bei Erstgeborenen, «Fiire mit de Chliine», Krabbelgruppen, Kinderlagern und Generationen verbindenden Anlässen werden die Bedürfnisse der Familien ernst genommen. Die Teilnehmenden gewinnen Zuversicht, dass die Gemeinde eine Zukunft hat.

Die Beteiligung der Gemeindeglieder ist ein wichtiges Element im Leben von zukunftsfähigen Gemeinden. Die Mitarbeit von zahlreichen Freiwilligen erfordert indessen auch eine professionelle Anleitung. Im Laufe der Wachstumsgeschichte werden in vitalen Gemeinden mehr Stellenprozente nötig, als durch die Kirchensteuern finanzierbar sind. Sämtliche von Baumann besuchten Gemeinden haben darum eine Form von Förderverein geschaffen, um kompetente Fachpersonen für bestimmte Arbeitsgebiete mindestens teilzeitlich anstellen zu können.[36]

Pfarrpersonen von gesunden Gemeinden können sich im aktuellen gesellschaftlichen Umfeld nicht auf ihr Amt als *Verbi Divini Minister* beschränken. Zunehmend sind sie auch Spezialisten für Leitung, Begleitung und Motivation der freiwilligen Teams. Zulehner schreibt: «Je mehr Beteiligung angestrebt wird, desto mehr Leitungskompetenz ist erforderlich.»[37] Baumann macht die Beobachtung, dass lebendige Gemeinden oft überdurchschnittlich qualifizierte Personen anstellen.[38] Behördenmitglieder, Angestellte und Freiwillige haben den gemeinsamen Auftrag, ihre Vision gemäss ihren Begabungen umzusetzen. Gottes Wirken und das vielfältige Mitwirken der Gemeinde verbinden sich dabei miteinander.

---

36 Vgl. Baumann, Gemeindebesuche, 7.
37 Zulehner, Kirchenvisionen, 122.
38 Vgl. Baumann, a. a. O.

Was fehlte, wenn die Volkskirche fehlt?

Franz Hohler
Kabarettist und Schriftsteller, Zürich

Wenn wir die Kirchen nicht hätten,
hätten wir auch die Räume der musikalischen Andacht nicht, in
denen wir Messen, Kantaten und Choräle aufführen und anhö-
ren können, die jenen Gott preisen, an den wir kaum mehr glauben und den wir doch so sehr vermissen.

Benedict Schubert

Fresh Expressions of Church

Wo Kirche nicht bei sich selbst bleibt

Von *fresh expressions of Church*, hier kurz «FX», spricht man in England seit rund 25 Jahren. FX dient als Sammelbegriff für all jene Initiativen, Projekte, Gemeinden, Gemeinschaften, die Kirche nicht neu erfinden wollen, aber neue, «frische» Formen suchen und entwickeln, wie Kirche auch mit den Menschen gebaut und gelebt werden kann, die sich von den traditionellen Erscheinungsformen von Kirche nicht ansprechen lassen. Die Stärke des Begriffs *fresh expressions* liegt darin, dass er einladend suggestiv ist und befreiend wenig bestimmt. So macht er Mut, das Ungewohnte zunächst einmal auszuprobieren. Er erlaubt es, diese oder jene Idee zu verwirklichen, im Vertrauen darauf, dass die Initianten zwar etwas Kleines, sehr auf den lokalen Kontext Bezogenes tun, doch dieses überschau- und übersehbar Kleine ist Teil der weltweiten Kirche, gehört zu einem grossen Ganzen.

Erst mit der Zeit wurden Kriterien formuliert, um darüber zu entscheiden, ob ein Modell von Gemeindeleben oder ob eine kirchliche Initiative mit Fug und Recht als FX bezeichnet werden darf. Wildes sollte nicht so wuchern, dass am Ende alles und deshalb nichts mehr FX ist. Mir scheinen vor allem drei Merkmale besonders wichtig:

- Als FX darf sich ein Projekt bezeichnen, wenn es nicht wie der See einfach da ist und zum geistlichen Bade lädt. Es soll vielmehr wie ein Fluss seinen Weg an Widerständen vorbei suchen. In geduldiger Arbeit fliessend, wegschwemmend, höhlend und glättend gräbt er sein Bett. Er nimmt mäandernd Umwege in Kauf, um Regionen zu bewässern, die vorher als trockenes Land mit tiefen Schrunden höchstens auf einen wunderbar überraschenden Regen warten konnten.
- Als FX darf sich ein Projekt bezeichnen, wenn es die vier Blickrichtungen beibehält: «IN – UP – OF – OUT». Das Projekt sieht sich *in* der Kirche, als Teil der Kirche. Es schaut *auf* zu Gott, dem Ursprung des Lebens, dem Glanz der Heiligkeit. Es ist sich bewusst, dass es historische Wurzeln hat,

herkommt *von* etwas, was schon war. Und es will *hinaus*, in Kontakt und Beziehung treten zu Menschen, die sich bisher nicht zur Kirche zählten.

- Als FX darf sich ein Projekt bezeichnen, wenn Menschen darin in einer gewissen Regelmässigkeit zusammenkommen – als Faustregel wird genannt: mindestens einmal im Monat.

In mancher Hinsicht ist England uns in der Schweiz voraus. Deshalb reisen immer wieder aus der Schweiz Pfarrerinnen und Pfarrer während ihrer Ausbildungszeit oder in einer Weiterbildung dorthin, um sich von Projekten inspirieren zu lassen. Im Oktober 2013 schloss ich mich einer dieser Reisen an. Ich erinnere mich im Folgenden an drei der besuchten Projekte, um daraus einige Fragen und Anregung für unseren Schweizer Kontext abzuleiten.

Order of the Black Sheep – Chesterfield

Mark Broomhead wuchs in einer traditionellen, kirchlich engagierten Mittelstandsfamilie auf. Der Gottesdienst war ihm seit seiner Kindheit wichtig, aber schon als Kind störte er sich an dessen traditionellen Formen, vor allem an der Musik. Als ob er von einem Bekehrungserlebnis erzählte, berichtete er, wie er im Alter von acht Jahren Heavy Metal als «seine» Musik entdeckt habe. Mit der klassischen Kirchenmusik konnte er wenig anfangen, noch weniger aber mit jenen Formen von eher weichgespültem «Sakro-Pop», der oft in der heutigen «Worship-Szene» dominiert.

Für Mark Broomhead bedeutete es keine innere Spannung, die Ausbildung zum Pfarrer zu durchlaufen, parallel dazu eine christliche Heavy-Metal-Band zu gründen und nach Wegen zu suchen, wie das Evangelium im Boden dieser spezifischen Subkultur Wurzeln schlagen kann. Die Church of England kennt in ihrer theologischen Ausbildung zwei Grundlinien: Wer Pfarrer werden will, kann entweder der Linie folgen, die vor allem auf ein traditionelles Pfarramt vorbereitet, oder er kann sich zum *Pioneer Minister* ausbilden lassen. In diesem Ausbildungsgang wird der Akzent besonders darauf gelegt, dass Menschen lernen, Projekte zu entwickeln und Kreativität in einer Weise zu nutzen, dass dann nicht nur neue Ideen entstehen, sondern daraus auch neue sichtbare Ergebnisse.

Seit gut drei Jahren gibt es in Chesterfield einen Ort, den man als Mischung von Bar, Club und Versammlungsraum betrachten kann. «The Gate» ist geprägt von der Bildsprache, die vor allem junge Menschen anspricht, die sich in bestimmten Randszenen bewegen. Diese identifizieren sich über ihre Musik, ihren äusseren Auftritt, ihre Sprache: *Heavy Metal, Emos, Gothics*. Der Name *Order of the Black Sheep*, ihr Symbol – ein auf Aussenstehende eher bedrohlich wirkender Kopf eines Schafbocks – ist Programm. Wer immer sich als «schwarzes Schaf» erlebt, soll Heimat und Halt finden. Gesprächsmöglichkeiten, kreative Aktivitäten, Sportanlässe – und immer wieder Abendmahlsgottesdienste. Sie werden im oberen Geschoss von «The Gate» gefeiert. Die Stirnwand des Raums ist mit dunkelgrauen Totenkopfsymbolen auf schwarzem Hintergrund bemalt. Eine Leinwand ist aufgespannt, um Texte und Bilder projizieren zu können. Auf einem kleinen runden Salontisch davor steht ein schweres Messingkreuz. Mark Broomhead trägt schwarze Jeans, ein graues Collarhemd – wie das bei uns nur konservative katholische Geistliche tragen – darüber ein *Hoodie*, eine Kapuzenjacke. Statt Stühlen liegen der Wand entlang anthrazitfarbene Sitzsäcke. Gefeiert wird laut und gesammelt, heftig und innig. Musik spielt – man ist ein wenig an Zwinglis ursprüngliche Anliegen erinnert – in der Feier keine grosse Rolle: Im Zentrum steht das Wort, die Botschaft in einer Sprache, mit Bilder und Gleichnissen aus der Welt derer, die hier zusammenkommen. Manche, die sich in der Gesellschaft nur noch schwer orientieren konnten, haben dank diesem Projekt wieder Lebenssinn und Gestaltungswillen gefunden. «Jüngerschaft für sich zu entdecken, kann vieles heissen – für manch einen kann das bedeuten, nicht schon morgens vor 7 Uhr eine Flasche Wodka zu leeren.»

Mark Broomhead lebt mit diesen Menschen Kirche innerhalb ihrer Kultur. Mit bewusst christlichen Feiern schafft er in dieser «schwarz bestimmten» Kultur Neues: «Be ahead the culture, not behind.»

Ich stelle dieses Projekt als erstes vor, weil sich darin besonders deutlich erkennen lässt, was FX ausmacht – und weil es unter den besuchten Modellen dasjenige war, das Menschen erreicht, die mir persönlich in ihren kulturellen Vorlieben und Eigenheiten besonders fremd sind.

Nexus Art Café – Manchester

Mitten in der Stadt, in einem Untergeschoss, befindet sich das *Nexus Art Café*. Es wurde gegründet, um ein urbanes, kreativ-alternatives Milieu zu erreichen. *Nexus Art Café (fair trade* und *free Wi-Fi!*) ist eine Non-Profit-Organisation; sie will in Manchester Gemeinschaft bauen und Kreativität feiern. Das Café ist sympathisch eingerichtet mit Möbeln aus dem Brockenhaus, mit Bildern und Skulpturen von lokalen Künstlern an den Wänden. Es werden hausgemachte Gebäcke offeriert, heisse Getränke und Suppen. Manches deutet darauf hin, als habe das NAC sich als «szeniges Lokal» etablieren können. Auf Webseiten wie «Tumblr» wird es von Einzelnen gepriesen als *the place to be*, auch «TripAdvisor» und ähnliche Reiseratgeber weisen auf diesen Treffpunkt hin. In keinem der Kommentare, die ich nun gelesen habe, ist aber ersichtlich, dass die Kommentierenden irgendwie einen Zusammenhang zwischen dem NAC und der Kirche oder dem christlichen Glauben hätten erkennen können oder wollen.

Wir besuchen das NAC zu einem Zeitpunkt, zu dem immer ihre Art von «Gottesdienst» stattfindet. Jemand bringt etwas mit, was das Gespräch in Gang setzen soll. Als wir dort sind, ist es eine Power-Point-Präsentation über koagulierende Blutzellen. Während wir sonst überall den Eindruck hatten – darauf komme ich noch zurück –, es bestünden in England weniger heftige Sprachhemmungen in Bezug auf Glaube und Religion, kam es uns im NAC vor, als werde eher krampfhaft versucht, jeglichen Anklang an einen traditionellen Gottesdienst zu vermeiden: keine Musik, kein Gesang, kein Gebet, kein explizit christlicher Text, keine Bibel.

Im Herbst 2013 war Alister Lowe als junger Pfarrer für die Leitung des NAC zuständig. Das Gespräch mit ihm liess mich eher ratlos und bedrückt zurück. Ich hatte den Eindruck von jemandem, der geschickt wurde, Menschen abzuholen, aber er wisse eigentlich nicht wozu. Er habe davon zwar eine Vorstellung, befürchte aber, dass diese Vorstellung eine zu explizite christliche Kontur haben könnte. Alister Lowe kam mir erschreckend einsam vor. Ich wünschte wenigstens ihm persönlich einen klareren Bezug zu einer Gemeinde, die ihn unterstützt, wo er sich selbst stärken und seiner Identität vergewissern kann. Im Prinzip kann ich mir gut vorstellen, dass die Community, die sich in sehr loser und unverbindlicher Weise um das NAC bildet, eine Art von *treshold community* ist, eine Gemeinschaft auf der Schwelle zur Kirche, die bewusst den Durchzug aushalten will, keinerlei Erwartung zu hegen und folglich Druck auszuüben, dass jemand die Schwelle in Richtung Kirche überschreitet. Doch dazu müsste die Unterstützung durch die traditionelle Kirche grösser und vor allem expliziter sein.

St. Marks – Haydock

Im Dorf Haydock zwischen St. Helens und Liverpool liesse sich vermutlich exemplarisch die Geschichte vom Aufgang und Niedergang der englischen Schwerindustrie illustrieren. Vor hundert Jahren wurde dort die Kirche St. Mark's eingeweiht. Manches hätte vermuten lassen können, dass sie gegen Ende des 20. Jahrhunderts wieder hätte geschlossen werden müssen.

Stattdessen erhalten wir einen Eindruck von blühendem Gemeindeleben. In St. Mark's wird ausdrücklich beides gelebt und gepflegt: Kirche als «See», der zum Besuch und zum Verweilen daliegt, und Kirche als «Fluss», der hinausläuft und an unerwarteten Orten etwas aufblühen lässt. Unter dem Namen TANGO werden die Initiativen zusammengefasst, mit denen die Kirche hinausgeht: *Together As Neighbours Giving Out.* Die Gemeinde versteht sich als eine Gemeinschaft von Menschen, die keine Angst haben, etwas oder sich «herauszugeben», sondern überzeugt sind, dass ihnen «Gott sei Dank!» aus ihrer konkret geübten Solidarität eher mehr Kraft, mehr Möglichkeiten, mehr Ressourcen zufliessen, als sie vorher hatten. Die Leiterin des Cafés formulierte es so: «Hier machen gewöhnliche Menschen für Gott aussergewöhnliche Dinge.»

Vier Elemente von TANGO machen uns besonderen Eindruck: Das Café (auch eine Art Restaurant und Suppenküche) ermöglicht Pausen und Gespräche. Über Mittag herrscht Hochbetrieb, bis sechzig Mittagessen pro Tag werden ausgegeben; mit «Smarties» gibt es ein spezielles Angebot für Kinder. Die Brockenstube wird bestückt mit Artikeln aus der näheren Umgebung. Die Preise werden eindrücklich tief gehalten, oft werden Kleider oder Möbelstücke auch unentgeltlich abgegeben, wenn beispielsweise eine Mutter nach einer Trennung ihre Wohnung neu einrichten muss, oder wenn ein Obdachloser etwas braucht. Dennoch gelingt es, den Betrieb kostendeckend zu führen. Der Gemeinschaftsgarten entstand, weil eine dafür besonders begabte Frau die Initiative ergriff, die politische Gemeinde ein Stück Brachland zur Verfügung stellte und die Kirchgemeinde Freiwillige mobilisierte. Nun können die Menschen des Quartiers eine Art biblisch-geistlichen Themengarten geniessen. Die *family services* schliesslich nutzen Leute, die mittellos sind und keine Perspektiven haben. Etliche working poors sind darunter. Die Mitarbeitenden in den *family services* sind frustriert über die Art und Weise, wie das Sozialsystem abgebaut, verhärtet, verunmenschlicht wird.

Ich bin in Haydock beeindruckt von der Selbstverständlichkeit, mit der die Glieder der Gemeinde in und mit biblischen Texten leben. Geschichten und Gleichnisse, Psalmen und Verheissungen, weisheitliche Sprüche und Listen von apostolischen Ermahnungen wirken dort inspirierend, weiten Herz und Horizont.

Anregungen

An den drei Modellen lassen sich meines Erachtens etliche Elemente beobachten, die auch für uns in der Schweiz von Bedeutung sind:

Keine Angst vor der Mission. – Die *Church of England* hat schon vor über dreissig Jahren «fünf Merkmale von Mission»[1] identifiziert und formuliert. Mit

---

1   Sie lauten: «1. To proclaim the Good News of the Kingdom / 2. To teach, baptise and nurture new believers / 3. To respond to human need by loving service / 4. To seek to transform unjust structures of society, to challenge violence of every kind and to pursue peace and reconciliation / 5. To strive to safeguard the integrity of creation and sustain and renew the life of the earth.» – Ich übersetze vorläufig so: «1. Die Gute Nachricht von Gottes Reich verkünden / 2. Die, die neu zum Glauben kommen, lehren, taufen und nähren / 3. Mit konkreter Liebe dienend auf die Not der Menschen antworten / 4. Sich für die Veränderung ungerechter Strukturen einsetzen, Gewalt in jeglicher Form ablehnen, Friede und Versöhnung suchen / 5. Sich anstrengen, die Schöpfung zu bewahren, und das Leben auf der Erde erneuern.» Vgl. http://www.anglicancommunion.org/ministry/mission/fivemarks. cfm (Zugriff am 28.1.15).

einem gewissen Neid habe ich zur Kenntnis genommen, dass diese *five marks of mission* von den Gemeinden, die wir besucht haben, als ein brauchbares Werkzeug betrachtet und dann auch dazu verwendet werden, je ihr eigenes Missionsverständnis zu formulieren. Und das ist erst noch so möglich, dass die Gemeinde sich in ihrer spezifischen Eigenart als Teil der ganzen *Church of England* verstehen kann, ja mehr noch als Teil der weltweiten «Anglican Community».

Als erfreulicher Nebeneffekt dieser theologischen Arbeit schien mir: für diejenigen, mit denen wir auf unserer Besuchsreise in Kontakt kamen, sind etliche Unterscheidungen, die in unserem Land da und dort immer noch gerne gemacht werden, ganz und gar uninteressant. Ob eine Gemeinde eher charismatisch ist oder eher eine politische Theologie pflegt, ob sie eher von einem liturgisch-hochkirchlichen oder von einem populär-hemdsärmligen Stil geprägt ist – das schien für sie unerheblich, solange und weil sie sich je zugestanden, dass sie sich in ihrer Mission jeweils von diesen fünf Merkmalen leiten liessen. Und weil sie einander zugestanden, dass nicht in jeder Gemeinde jedes dieser fünf Merkmale das gleiche Gewicht haben muss.

In der Schweiz scheint bis weit in kirchlich sehr engagierte Kreise hinein «Mission» immer noch als etwas zu gelten, was moralisch bedenklich ist und – falls denn überhaupt – höchstens dort zu betreiben sei, wo es wärmer ist und die Menschen ärmer. Im Unterschied dazu, wird Mission in England entspannt und zugleich engagiert verstanden: schlicht als die Kommunikation zwischen der Kirche und denen, die ihr nicht angehören.

Ich leite also *erstens* ab, dass wir – wenn wir in der Schweiz darauf hinarbeiten wollen, dass auch hier frische Formen von Kirche entstehen – uns darüber verständigen müssen, was wir positiv unter Mission verstehen und dass wir dadurch auch ermutigt werden, diese Mission wahrzunehmen.

Sprachfähigkeit. – Ich war teilweise überrascht, dass auch einer wie Mark Broomhead in der Kommunikation mit seinen «Schwarzen Schafen» in grosser Freiheit Dinge an- und ausspricht, eine Begrifflichkeit verwendet, von denen eine Pfarrerin oder ein Pfarrer in der Schweiz schon einer traditionellen Gottesdienstgemeinde gegenüber befürchten könnte, er benutze eine nicht mehr verständliche Sprache Kanaans.

Ob in England religiöses Sprechen noch allgemein akzeptiert und auch verständlich ist? Jedenfalls leite ich daraus *zweitens* die dringende Notwendigkeit ab, zunächst unter denen, die aktiv Kirche leben und gestalten, Sprach- und Sprechübungen zu entwickeln. Wie können wir das, was uns doch als Kraft zum Leben zugesagt und geschenkt ist, begrifflich so fassen, dass wir nicht unbeholfen stammeln oder gar verstummen, wenn wir Rechenschaft ablegen sollen über die Hoffnung, die in uns ist? Finden wir Worte, Metaphern, Bilder, um vom Glauben in einer Weise zu reden, die nicht von Anfang an beim Gegenüber und bei uns selbst das Gefühl von Peinlichkeit hervorruft?

Die Sache Jesu braucht Begeisterte; / sein Geist sucht sie auch unter uns. / Er macht uns frei, damit wir einander befrei'n. – Das Lied aus den Siebzigerjahren mag heute zu betulich wirken (und erst recht klingen). Doch inhaltlich ist unbedingt zuzustimmen: Ohne Schlüsselfiguren, die von diesem himmlischen Hauch erfüllt, von dieser unverfügbaren Kraft begeistert sind, entsteht keine FX. Dabei ist entscheidend, dass diese Begeisterten sich nicht als Einzelkämpfer sehen und verhalten, sondern sich bewusst bleiben, dass sie Teil eines grösseren Ganzen sind.

Es ist eine pädagogische Banalität, dass jemand nur das glaubwürdig vermitteln kann, wovon er oder sie auch selbst überzeugt ist. FX blühen auf, wo diejenigen, die sie initiieren oder weiterführen, etwas gefunden haben, das sie zuerst selbst fasziniert. Sie tun einfach gerne, was sie tun. Das bedeutet nicht, dass es nicht auch in FX Schwierigkeiten gäbe, Durststrecken, auf denen auch die begeisterte Initiantin sich fragt, ob in dem, was Pflicht geworden ist, noch ein Rest Freude stecke. Doch das sind Krisen, die bekanntlich auch in ganz traditionellen Formen zu bestehen sind.

Ich leite *drittens* aus meinen Begegnungen mit den FX in England die Frage ab, ob und wie wir in unseren Kirchen Menschen mit so kreativer Begeisterung identifizieren und dann auch dafür freistellen können, etwas frisch zu wagen – sogar dann, wenn noch aussteht, ob damit schon etwas gewonnen ist. Unsere Schweizer Kirchenstrukturen erlauben – ausser im Blick auf Funktionsstellen – kaum eine vorausschauende Personalführung, die nicht bloss Stellenprozente festlegt. Können Kirchenleitungen mehr tun, als in einem vertraulichen Gespräch einen diskreten Vorschlag zu machen, wenn es darum geht, die Gaben und Kompetenzen der schon in der Arbeit stehenden Mitarbeitenden gegebenenfalls anderswo zielgerichteter und damit besser zur Entfaltung kommen zu lassen?

Verzicht auf Erfolgsgarantien. – Auf die Frage, wie diese oder jene FX entstanden sei, gaben uns die Initiantinnen und Initianten an mehreren Orten zur Antwort: «Der Bischof hat mich zu sich gerufen und mir mitgeteilt, er gebe mir drei Jahre Zeit. Ich solle schauen, ob ich in dieser Zeit etwas auf die Beine stellte.» Es wurden nicht von Anfang an messbare Parameter formuliert, an denen sich dann würde ablesen lassen, ob das Projekt überleben könne. Es wurde jemand in einen Freiraum gestellt, der durchaus auch bedrohlich wirken kann. Denn natürlich verbindet sich eine solche *Bishop's mission* nicht einfach mit einer schnoddrigen Beliebigkeit und Gleichgültigkeit dem gegenüber, wie die Ressourcen, die investiert werden, verwendet werden und welche Resultate sie bringen. Die *Church of England* befindet sich im Blick auf ihre finanziellen Verhältnisse in einer noch prekäreren Situation als die Mehrheit unserer Kirchen in der Schweiz. Doch offenbar hat dies dort das Bedürfnis nicht noch verstärkt, sich auf das zu beschränken, was garantierten Erfolg verspricht.

Das beinhaltet aber auch den Mut, ein Projekt allenfalls wieder einzustellen. *Grace Space* in Bradford war die erste FX, die wir auf der Reise besuchten. Eine sehr sympathische, gemütliche Art von familiärer Zusammenkunft zum gemeinsamen Essen, zum Austausch, zum Feiern im Pfarrhaus: *Church for people who don't go to Church.* Nachdem der *Grace Space* schon beim Wechsel vom Vorgänger zum jetzt verantwortlichen Kollegen beinahe eingegangen war, stellte sich für den lokalen Bischof nach weiteren drei Jahren die Frage, ob seine Diözese sich ein Projekt leisten kann, das sich nicht weiterentwickle, wo es auch keine Querverbindungen zu anderen Gemeinden gebe.

Ich leite *viertens* die Herausforderung ab, dem für unser Land ausgesprochen typischen sehr hohen Bedürfnis nach Unsicherheitsvermeidung eher weniger nachzugeben. Stattdessen plädiere ich dafür, dass Kirchenleitungen strukturelle Möglichkeiten schaffen, welche die Funktion einer *Bishop's mission* erfüllen können. In meiner Basler Kirche steht dem Kirchenrat dafür das Instrument der «Projektfinanzierung» zur Verfügung. Im gesamten Budget unserer Kirche werden Beträge in mutiger Höhe dafür bereitgestellt, etwas zu wagen, das als FX gelten könnte. Das «Sonntagszimmer» in der Matthäuskirche konnte auf diese Weise lanciert werden. Das ist eine typische FX: ein spezifisches Projekt, das die besonderen Schwierigkeiten beachtet, die Randständige an Sonntagen haben, wo die alltäglichen Strukturen und Rhythmen ausser Kraft sind.

River and Lake. – Das schöne Bild vom See- bzw. vom Fluss-Charakter, den die einen und die anderen Gestalten von Kirche haben, soll sich festsetzen. Ich kann mir nicht vorstellen, dass nicht auch in England Eifersucht und Missgunst vorkommen können. Die ausgewählten Beispiele, die wir besuchen konnten, führten uns hingegen vor Augen, dass und wie River- und Lake-Projekte einander ergänzen, eher mit- und füreinander entwickelt werden als in einer destruktiven Konkurrenz gegeneinander.

Ich war und bin beeindruckt von einer gewissen Grosszügigkeit, mit der die einen die anderen als «Glieder des einen Leibs» anerkannten, stehen liessen, ja wertschätzten. Aus meinen Beobachtungen bei den FX in England leite ich also *fünftens* die Einladung zur Dankbarkeit ab: zur Dankbarkeit für das, was es in unserem Land gibt an bewährten, historisch gewachsenen, sorgfältig gehegten Formen traditioneller Kirchlichkeit und was an Formen frischen Ausdrucks, an kreativen Initiativen, um auch mit und in jenen Lebenswelten Kirche zu leben, die wir sonst nicht erreichen.

Was fehlte, wenn die Volkskirche fehlt?

Fritz Hösli,
Leiter der Untersuchungsgefängnisse, Zürich

Privat bin ich der Volkskirche verbunden, ich bin mit meiner Familie dabei. Wir gehen nicht jeden Sonntag in die Kirche, aber immer wieder, manchmal passt es, manchmal auch nicht. Dank der Kirche haben die Menschen einen Ort für Stille. Mit der Politik bin ich nicht immer einverstanden, die Kirche sollte den Einheimischen etwas mehr schauen, nicht nur in die Welt hinaus. Aber sie macht einen guten Job.

Auf meine Arbeit bezogen bin ich sehr froh um die Volkskirche. Die Gefängnispfarrer sind eine wichtige Entlastung für uns. Wir haben jemanden, der neutral mit den Insassen reden kann. Nicht nur über unsere Angelegenheiten, auch über Gott und die Welt. Wenn es Probleme gibt, können wir sie jederzeit beiziehen. Das Vertrauen ist wichtig. Manche Kollegen sind etwas misstrauisch. Man sollte ihnen begreiflich machen, dass die Kirche uns da wirklich nützlich ist.

Sabrina Müller

Mixed economy of Church

Chancen und Risiken kirchlicher Biodiversität

1. Geschichte und Bedeutung der *mixed economy* in der *Church of England*

Wird «Kirche» in den Medien, bei Freiwilligen oder in Pfarrkreisen thematisiert, so erfährt der Begriff häufig eine Gleichsetzung mit der Ortsgemeinde oder gar dem Sonntagsgottesdienst im Kirchengebäude. Kirche ist im landeskirchlichen Kontext nur schwer nicht-parochial zu denken. Wie sieht es aber in einer anderen traditionellen Volkskirche wie der *Church of England* aus? Die *Church of England*, die Mutterkirche der Anglikanischen Weltgemeinschaft, war über Jahrhunderte unter anderem durch Liturgie, Episkopat und Parochie gekennzeichnet.[1] In den letzten fünfzehn Jahren durchlief sie jedoch drastische Veränderungen in ihrem ekklesialen Selbstverständnis. Ist das parochiale System aber deshalb passé? Oder wird den *fresh expressions of Church* der Raum für Entfaltung und Gedeihen verwehrt? Wie verhält sich die Ortsgemeinde zu nicht-parochialen Gemeinden?

Begrifflichkeit

Der Terminus *mixed economy* wurde mit Blick auf die *Church of England* erstmals von Rowan Williams, dem ehemaligen Erzbischof von Canterbury, verwendet. Als er noch Erzbischof von Wales war, gebrauchte er diesen Begriff im Bericht *Good News in Wales* folgendermassen: «We may discern signs of hope [...] These may be found particularly in the development of *a mixed economy of Church life* [...] there are ways of being church alongside the inherited parochial pattern.»[2]

---

1   Vgl. John Booty/Stephen Sykes/Jonathan Knight (Hg.), The Study of Anglicanism; London 1998, 502: «Das Lambeth Quadrilateral enthält vier Artikel, welche 1888 von der Lambeth Conference angenommen wurden. Diese enthalten: Scripture, Creeds, the two Sacraments und the historic episcopate.»

2   Alan Smith u. a., Fresh expressions in the mission of the Church. Report of an Anglican-Methodist Working Party, London 2012, 7.

Der Begriff *economy* wird gemäss Bischof Graham Cray[3] nicht als Wirtschaftsmetapher verstanden, sondern im biblischen Kontext eingebettet. So wird *economy* an das griechische Ursprungswort οἰκονομία[4] zurückgebunden. Verwiesen wird dabei auf Epheser 1–3 und den darin beschriebenen Heilsplan Gottes in und durch Christus. Cray bezeichnet die Kirche, welche die Verantwortung für Gottes Heilsplan mitträgt, als «Haushalt Gottes».[5] So verstanden wird die *mixed economy* zu einem theologischen Begriff, der das ekklesiale Selbstverständnis herausfordert und verändert.

Partnerschaft statt Konkurrenz

Die *mixed economy* wurde in den letzten zehn Jahren zu einem entscheidenden Prinzip in der *Church of England*, das sowohl traditionelle parochiale Kirchen als auch *fresh expressions of Church* fördert.[6] Dadurch kann die *Church of England* mittlerweile als eine *mixed economy of Church* bezeichnet werden. Die *mixed economy* ist ein ekklesiales System, das auf partnerschaftlichen Beziehungen basiert und nicht auf innerkirchlicher Konkurrenz. Sowohl der 2004 erschienene Bericht «Mission-shaped Church»[7] wie auch der im gleichen Jahr erschienene Bericht «A Measure for Measures»[8] kam zum Schluss, dass das parochiale System mit dem Grundsatz «one-size-fits-all» als einziges Modell in einer pluralen Gesellschaft den Anforderungen nicht mehr genügt. Das parochiale System ist gemäss beiden Berichten nicht mehr ausreichend, um den inkarnatorischen Auftrag der Kirche zu erfüllen. Es bedarf der Ergänzung. In der individualisierten, fragmentierten und pluralistischen Gesellschaft ist eine *mixed economy* aus traditionel-

---

3   Bischof Graham Cray leitete die Fresh Expressions Bewegung von 2008–2014.

4   Verwaltung, Haushalt und Heilsplan; vgl. Walter Bauer (Hg.), Wörterbuch zum Neuen Testament, Berlin 1988; Spalten 1134–1135.

5   Die Informationen stammen aus dem Transkript eines von mir geführten Interviews mit Graham Cray am 3.9.2013: «This is not just a metaphor from economics, because in the letter to the Ephesians, in chapter one it talks about the plan of God in Christ to unite all things in his son. And that word in Greek is ‹euko-nomia› for which we get ‹economy›. It was used in greeco-roman times for the economy of a big household and in chapter two the church is described as the household of God and the Greek word is ‹eukos›. So we are the household responsible for God's missionary economy to reconcile everything, to unite everything in Christ. So it's actually a very powerful theological term for the purposes of God through Christ. And that's why I love it as an ecclesiological term. It's not just an illustration from another discipline, it's a biblical term that helps us to another one, which helps us to rediscover our ecclesial identity.»

6   Vgl. Ian Cundy u. a., The Future of the Parish System. Shaping the Church of England in the 21st Century Steven Croft (Hg.), London 2006, 178.

7   Vgl. Graham Cray u. a., Mission-shaped church, London 2004.

8   Vgl. Peter Toney, A Measure for Measures, in: Mission and Ministry. Report of the Review of the Dioceses, Pastoral and Related Measures, London 2004.

len Ortsgemeinden, Netzwerkgemeinden, Hauskirchen, Interessensgemeinden und anderen kontextuellen Ausdrucksformen von Kirche, die partnerschaftlich zusammenarbeiten, angezeigt.[9] Nur so kann eine Volkskirche ihrem eigentlichen Auftrag, mit den Menschen des Landes im Dialog über Gott zu sein und sich ihnen einladend zuzuwenden, gerecht werden.

Auf der Basis dieser Einsicht wurde die *mixed economy* in der *Church of England* mittlerweile strukturell verankert und dadurch auch die *fresh expressions of Church*. So wurde sichergestellt, dass die *fresh expressions of Church* keine Parallelstruktur innerhalb der *Church of England* bilden, sondern einen legitimierten Platz darin bekommen. Zudem ist die *mixed economy* gerade für die jungen, innovativen *fresh expressions of Church* ein Schutz. Die Umsetzung dieser gleichwertigen ekklesialen Partnerschaft wird den Diözesen nahegelegt.[10] So wird die *mixed economy* strukturell häufig auch durch den Bischof oder die Bischöfin zusammengehalten. Zum grössten Teil wird die Beziehung innerhalb der *mixed economy* von Ortsgemeinden und *fresh expressions of Church* als gleichwertig und einander ergänzend erfahren.

Doch hinter einer gut funktionierenden kirchlichen Biodiversität steckt intensive Beziehungsarbeit, ein grosszügiges Ekklesiologieverständnis und eine ausserordentliche gegenseitige Toleranz und Akzeptanz. Damit die *mixed economy* künftig immer mehr an Boden gewinnen kann und die egalitäre Partnerschaft funktioniert, wurde sie im Ausbildungscurriculum zu den ordinierten Ämtern hinzugefügt.[11]

2. Zwei Praxisbeispiele einer funktionierenden *mixed economy*

Im Folgenden werden zwei strukturell verschiedene Beispiele einer funktionierenden *mixed economy* dargestellt. Zum einen das partnerschaftliche Verhältnis von *Xpressions Café* und *All Saints Chedgrave* in sehr ländlichem Umfeld. Das zweite

---

9   Vgl. Cray, Mission-shaped church, Seite xi.

10 Interview Cray vom 3.9.13: «What Archbishop Rowan has called the mixed economy, the positive partnership of an on-going inherited ministry in the parishes and the planting of fxC is the official policy of the Church of England as agreed by its Synod. So we have the: ‹this is what we do›. Yes, we have some people who haven't quite realised yet, that's what we do, and yes, we have people who are waiting for those in fxC to come to what they call ‹real church›, but we have committed ourselves to this, we have approved it through our national Synod three times, we've had a formal ‹faith and order› report written on it, jointly with the Methodists, and the General Synod, and the National Conference of the Methodist church have both unanimously approved it, so it's our policy.»

11 Interview Cray vom 3.9.13: «So all theological education needs some understanding of mixed economy.»

Beispiel bezieht sich auf die Diözese Liverpool. Sie kann als Ganze als eine *mixed economy diocese* betrachtet werden.

Xpressions Café und All Saints Chedgrave

Xpressions Café ist eine *fresh expression of Church* zwischen Norwich und Beccles im Chet Valley. Sie hat ein Einzugsgebiet von sieben Dörfern: Loddon, Chedgrave, Sisland, Langley, Hardley, Hales und Heckingham. Davon ist Loddon mit 2'578 Einwohnern und Einwohnerinnen das grösste und Sisland mit 44 das kleinste Dorf.[12] Vier der sieben Dörfer haben noch eine Kirche, in drei Dörfern wurden sie bereits geschlossen. Als Pfarrer Nigel Evans mit seiner Familie 2005 ins Chet Valley zog, gab es noch drei Familien mit Kindern, die kirchlich integriert und engagiert waren. Da Evans Kinder im Schulalter hatten, bildeten sich rasch neue Kontakte zwischen ihnen und den anderen Eltern. Die Anfragen für Taufen stiegen, doch es gab kein Anschlussangebot.

So beschlossen die Evans, einmal pro Monat an einem Sonntagnachmittag einen Anlass für Familien, *Xpressions* genannt, aufzubauen. Der Anlass umfasste immer eine Bastelzeit zu biblischen Themen, dazu Spiele, Tee und Kuchen. Schnell nahmen bis zu vierzig Personen teil. 2007 stiess Richard Seel zum Pfarrteam dazu. Er studierte Theologie, wurde von der *Church of England* ordiniert, arbeitet aber unentgeltlich als Pfarrer. Vor seiner Pensionierung war er teilzeitlich im Pfarramt, seit seiner Pensionierung vollzeitlich. Er war bereits vor 2007 mit der Bewegung in Kontakt gekommen und entwickelte die Idee, inspiriert von anderen Café-Kirchen, den stagnierenden *Xpressions*-Anlass vom Sonntagnachmittag zu verändern und als Café-Kirche zu gestalten. So entstand im Dezember 2007 *Xpressions Café*. Von Beginn an waren drei Angebote geplant, die gleichzeitig stattfinden: *Xpresso* – Café und neutraler Raum; *Xpressions* – familienfreundliche Zone; *Xplore* – Zone für Erwachsene.

Es brauchte einiges an Überzeugungsarbeit in der örtlichen Gemeinde *All Saints Chedgrave*, um *Xpressions Café* als *fresh expression of Church* lancieren zu können. Von Beginn an ging es nicht darum, ein Café für aktive Kirchenmitglieder zu eröffnen, sondern darum, in Kontakt mit Menschen zu kommen, die keinen Bezug zur Kirche haben.[13] Seine Vision formuliert Seel folgendermassen: «One of my visions is to take the principles of *Xpressions Café* outside the church. When I first started investigating the idea of a café church it seemed to me that many

---

12 Vgl. http://en.wikipedia.org/wiki/Loddon,_Norfolk, (Zugriff am 3.12.2013) und http://en.wikipedia.org/wiki/Sisland (Zugriff am 28.12.2012).

13 Richard Seel formulierte dies folgendermassen: «… to offer church for those who don't do church.» Das Zitat stammt aus meinen persönlichen Notizen aus einer teilnehmenden Beobachtung, die ich im Dezember 2013 durchgeführt habe.

so-called examples were in fact ‹ordinary›. Church with the only difference being that the congregation sat at tables with refreshments for the service but we were looking for dechurched and unchurched.»[14]

Seel kombinierte Elemente von bereits existierenden Café-Kirchen mit seinem Konzept und passte danach alles den verfügbaren Räumlichkeiten in Chedgrave an. Den Kern der Kongregation bilden junge Familien, die in den umliegenden Dörfern wohnen und vorher selten bis nie Kontakt mit dem Christentum oder der Kirche hatten. Diese Gruppe umfasst den grössten Teil der Teilnehmenden von *Xpressions Café*, sie halten sich vorwiegend in den Zonen *Xpressions* und *Xpresso* auf. Ein Teil davon ist ab und zu auch in *Xplore* anzutreffen. Die zweitgrösste Gruppe der Teilnehmenden bildet die traditionelle Kongregation vom Chet Valley, weil diese Kirche ihre Kirche ist. Die drittgrösste Gruppe bilden Menschen, die mit der traditionellen Kirche Mühe haben und sich von ihr unter Druck gesetzt fühlen. Diese Gruppe schätzt die Freiheit und Vielseitigkeit von *Xpressions Café* und nimmt häufig an *Xplore* teil. Eine weitere Gruppe besucht nur *Xpresso* und nutzt andere Angebote nicht.

Aus *Xpressions Café* heraus entstanden erweiterte oder vertiefende Angebote. Die Ortsgemeinde ist hier gewissermassen im Begriff, sich im Sinne einer Belebung und Erweiterung ganz neu um eine *fresh expression of Church* zu formieren. So entstanden weitere *fresh expressions of Church*, die aber erst im Aufbau sind, zum Beispiel *Noah's Ark* oder *Souper-Lunch*, und die *Monday-night Group* wurde erweitert. *Xpressions Café* basiert auf einer flachen Leitungsstruktur und wird von Freiwilligen geleitet. Es ist durch die leitenden Personen eng mit der *Church of England* verbunden und versteht sich als missionale Kirche. Es grenzt sich klar von einem Modell von Kirche mit Komm-Struktur ab (englisch: *attractional*), weil es sich nicht als Sprungbrett zur Ortsgemeinde versteht, obwohl man sich in traditionellen Kirchenräumlichkeiten trifft. Diese *fresh expression* ist auf die Lebenswelt von entkirchlichten jungen Familien ausgerichtet (englisch: *dechurched*) und versucht, mit diesen zusammen herauszufinden, was Kirchesein bedeutet.

Die *fresh expressions of Church* stehen in einem ekklesialen Entwicklungsprozess, bei dem es gilt, die sich bildende Gemeinschaft zu einer Kirche weiterzuentwickeln. Deshalb stellt sich ihnen auch die Frage, wie in diesem Setting Nachfolge möglich ist. Personen, die zu *Xpressions Café* kommen, werden rasch dazu ermutigt, sich aktiv in die Gemeinschaft einzubringen. Dadurch wird das klassische Schema von *believing before belonging* infrage gestellt.

All Saints Chedgrave ist durch *Xpressions Café* und die daraus hervorgehenden *fresh expressions of Church* zu einer Parochie mit *mixed economy* geworden, in der die traditionelle Ortsgemeinde partnerschaftlich und unterstützend mit der *fresh expression* zusammenarbeitet. Die unterschiedlichen Kongregationen in der

---

14   Vgl. http://www.emerging-church.org/xpressions_cafe.htm (Zugriff am 20.12.2012).

Parochie verstehen sich alle als Kirche, sprechen einander diesen Status zu und fühlen sich durch das Leib-Christi-Verständnis miteinander verbunden.

Diözese Liverpool

Was in Chedgrave im Kleinen zu beobachten ist, zeigt sich in Liverpool auf diözesaner Ebene. Innerhalb der Diözese Liverpool gilt das parochiale *one-size-fits-all*-Modell nicht mehr als Standard, und man geht davon aus, dass Form und Inhalt von Kirche nicht uniform sein müssen. In Liverpool wird eine enge ergänzende Zusammenarbeit zwischen traditionellen und modernen Ausdrucksformen von Kirche angestrebt.[15] Alle Ausdrucksformen sollten jedoch im jeweiligen Kontext verankert sein und die Freuden, Nöte und Sorgen der darin lebenden Menschen kennen.

Die *mixed economy* wird in dieser Diözese mit den Bildern vom Fluss und vom See visualisiert: «Our use of Lake and River imagery describes our approach to integrating traditions. The Lake, a metaphor for the parish church, provides life for all around. The river is an image for the pioneer networks reaching into different communities. Just as lakes and rivers flow in and out of each other, we gain great strength from differently shaped churches emerging from, and reinforcing each other.»[16]

Da diese Grundhaltung in der Diözese schon länger gepflegt wird, konnte eine bunte kirchliche Biodiversität entstehen. Die Ortsgemeinden betrachten die *fresh expressions of Church* nicht als Konkurrenz, sondern als Ergänzung. So ist es nicht verwunderlich, dass 86 % der *fresh expressions of Church* durch Ortsgemeinden initiiert und gefördert wurden. Mittlerweile gibt es in der Region Liverpool 78 *fresh expressions of Church*. Bei 203 Ortsgemeinden machen die *fresh expressions of Church* bereits 38 % der Kirchen innerhalb der Diözese aus. Davon sind 20 % ländlich geprägt, und 80 % liegen in der Stadt oder in Vororten. Die Hälfte der *fresh expressions of Church* entstanden in Gebieten, in denen die *Church of England* schon seit längerer Zeit keine kirchliche Präsenz mehr hatte. Die wöchentliche Anzahl der Teilnehmenden der *fresh expressions of Church* macht 10,2 % der gesamten Teilnahme in der Diözese aus. Augenfällig dabei ist, dass viele Kinder und Familien beteiligt sind. Wie anhand der Prozentzahlen ersichtlich ist, verfolgt die Diözese von Liverpool ihre Vision[17] einer *mixed*

---

15   Vgl. http://issuu.com/liverpoolcathedral/docs/your_ministry_with_us?e=4283414/5879837 #search (Zugriff am 23.10.14).
16   Ebd.
17   «The Diocese of Liverpool is working towards a vision ... to see a sustainable, led and transforming Christian presence in every community in the diocese to enable all to act justly, love mercy and walk humbly with God. To achieve this we want to see: ... Vibrant

economy zielgerichtet und konsequent und schafft Raum für traditionelle und moderne Ausdrucksformen von Kirche.

4. *Mixed economy of Church* – ein spannungsvolles Konzept mit Potenzial

Nicht überall zeigt sich die *mixed economy* so harmonisch wie in den zwei eben dargestellten Beispielen. Die Statusfrage zwischen *fresh expressions of Church* und Ortsgemeinde, die unterschiedliche Verteilung der finanziellen Mittel, aber teilweise auch Vorwürfe des Traditionalismus und der Ignoranz von Mission seitens der *fresh expressions of Church* gegenüber der Ortsgemeinde, machen die *mixed economy* zu einem spannungsvollen Konzept. Obwohl die Loyalität gegenüber der *Church of England* gross ist, wurde ich in den letzten drei Jahren in den teilnehmenden Beobachtungen regelmässig mit dem Ringen um eine gute und faire *mixed economy* konfrontiert. Immer noch gibt es Diözesen, die eine kritische Grundhaltung gegenüber den *fresh expressions of Church* einnehmen und nur den traditionellen Ortsgemeinden den Status von «Kirche» zusprechen. Leitungspersonen von *fresh expressions of Church* hadern gerade in diesen kritischen Diözesen mit der Existenzberechtigung, der Anerkennung und den Finanzen.

So zeigt sich, dass die *mixed economy* keine Schablone ist, die auf jede Diözese gelegt werden kann, und mit deren Hilfe ein Funktionieren unabhängig von Personen sicherzustellen ist. Die *mixed economy* ist ein Ideal und nur dort erreichbar, wo viel Wohlwollen vorherrscht. Damit die *mixed economy* ausbalanciert werden kann, braucht es eine grosszügige Ekklesiologie und Menschen, die als Vermittler von Beziehungen fungieren und denen beide Ausdrucksformen von Kirche ein Anliegen sind. Strukturell ist sie daher ein gutes, aber nicht unbedingt stabiles Hilfsmittel. Obwohl die *mixed economy* einem Balanceakt gleichkommt, erachte ich sie als ein gutes Konzept, mit dem das Gedeihen von unterschiedlichen Kirchen möglich wird. Durch die *mixed economy* werden aber auch volkskirchliche Muster wie die Anlaufstelle innerhalb der Parochie, die *Rites de Passage*, traditionelle Gottesdienste und kirchliche Angebote mit einer attraktionalen Struktur gewahrt. Die *mixed economy* ermöglicht somit nicht nur *fresh expressions of Church*, sondern sie hilft auch, traditionelle Strukturen zu bewahren.

Für diese These gibt es Anhaltspunkte in der 2014 veröffentlichen quantitativen Studie der *Church Army Research Unit*.[18] In 10 der 42 Diözesen der *Church of England* wurden quantitative Erhebungen durchgeführt. Mittlerweile sind 15

---

and inclusive mixed economy churches in and from all traditions.» Vgl. http://www.liverpool.anglican.org/What-We-Do (Zugriff am 6.11.14).

18 Vgl. http://www.churchgrowthresearch.org.uk/UserFiles/File/Reports/churchgrowthresearch _freshexpressions. pdf (Zugriff am 6.11.14).

Prozent der Gemeinden in den Diözesen *fresh expressions of Church*. In 7 von 10 Diözesen wurde durch den Zuwachs an Mitgliedern in den *fresh expressions* der Mitgliederschwund der Ortsgemeinden aufgefangen. Für jede von der Kirche ausgesendete Person innerhalb einer *fresh expressions* sind 2–3 neue, nicht kirchlich sozialisierte Personen (englisch: *non-churched*) dazugekommen. Davon sind 40 % unter 16 Jahre alt. Im Gegensatz dazu sind in den traditionellen *parish churches* 19 % der Teilnehmenden Kinder und Jugendliche. Gemäss Auszählungen sind 35 % *de-churched* und 40 % *non-churched* involviert, das heisst 75 % der Menschen, die Teil einer *fresh expressions of Church* sind, wären in keiner anderen Gemeinde mit dabei.

In diesem fragmentierten, kontextuellen kirchlichen System stellt sich die Frage, wo denn die *unitas ecclesiae* erkennbar wird. Diese Anfrage ist berechtigt, wenn jeweils nur eine *fresh expressions of Church* in den Blick genommen wird und die *mixed economy* sowie die Funktion übergeordneter Strukturen keine Beachtung finden. Grundsätzlich stellt sich aber diese Frage nur dann, wenn Kirche mit Gottesdienst gleichgesetzt und Heterogenität allein als Spannweite des Alters der Gottesdienstteilnehmenden definiert wird. Gerade das herausfordernde Konzept der *mixed economy* kann auf die Frage nach der *una ecclesia* Antworten liefern. Denn sowohl auf regionaler als auch auf nationaler Ebene stärkt eine *mixed economy* das Zusammengehörigkeitsgefühl. Die Ortsgemeinden und unterschiedlichen Diözesen verstehen sich nicht mehr als individuelle, voneinander getrennte Entitäten. Vielmehr wird zu netzwerkartiger Zusammenarbeit über parochiale und diözesane Grenzen hinaus ermutigt. Gerade darin zeigt sich die *una ecclesia*, weil kirchliche Identität nicht mehr durch den Ort, sondern durch die Zugehörigkeit zu einem ekklesialen Ganzen gestiftet wird.

Im Horizont einer *mixed economy of Church* erfährt nicht nur der Ekklesiologiebegriff eine Reform, sondern auch das Pfarramt verändert sich. 52.1 % der *fresh expressions* werden von Freiwilligen geleitet.[19] Egal, ob die *mixed economy* auf parochialer oder diözesaner Ebene stattfindet, immer bedingt sie eine enge partnerschaftliche Zusammenarbeit von Pfarrpersonen und Freiwilligen. Dies bedeutet metaphorisch, dass Ordinierte bereit sein müssen, von der Kanzel hinunterzusteigen und den Freiwilligen auf Augenhöhe zu begegnen. Dies bedingt geteilte Verantwortung mit den Freiwilligen, grosse Fehlertoleranz und Grosszügigkeit, anderes zuzulassen. Zudem muss das Priestertum aller Gläubigen beachtet und gelebt werden. Pfarrpersonen werden zu Ermöglicherinnen und Ermöglichern, die Freiwillige mit ihren Erfahrungen und ekklesialen Vorstellungen als theologisches Gegenüber ernst nehmen. Dies setzt eine Mentalitätsveränderung der Pfarrpersonen, Angestellten und institutionalisierten Gremien voraus. Es bedingt eine

---

19 A. a. O., 58.

Einsicht, dass auch Dinge ihre Berechtigung haben, die der Pfarrperson oder den leitenden Gremien nicht entsprechen und dass dies keine Konkurrenz sein muss. Der grösste Widerstand gegen die Verwirklichung einer *mixed economy* war in der *Church of England* über Jahre in ihrer Mitte zu finden: bei den Pfarrerinnen und Pfarrern und in den Kirchenpflegen.

Eine *mixed economy of Church* ist nicht perfekt, steht inmitten herausfordernder Entwicklungsprozesse, ringt um Finanzen, kennt menschliche Konflikte – doch sie ist leidenschaftlich. In vielen Begegnungen war dies spürbar. Die dort erlebte Passion für Kirche, die Erneuerung des Missionsverständnisses und die gegenseitige Akzeptanz innerhalb der *mixed economy* ist keine blinde und unreflektierte Leidenschaft, sondern eine fokussierte, dynamische und lernbereite. Sie ist sowohl bei Freiwilligen als auch bei den Angestellten zu finden. Die theologische Einsicht, dass es eigentlich nur *expressions* von Kirche gibt und sich die äussere Form durchaus verändern kann, liegt dem zugrunde. Diese Erkenntnis wurde von George Lings, dem Leiter der *Church Army's Research Unit*, in einem Interview folgendermassen zusammengefasst: «I guess when we take the word ‹expression›, there is a humility in that, which says something like: ‹This is only one way to be church, it is not the totality of church›, and equally I want to say, there are *only* expressions, there is no one local church that is the totality of church, even for example a very famous long-standing church like the roman catholic church.»[20]

---

20 Die Informationen stammen aus dem Transkript eines von mir geführten Interviews mit George Lings vom 27.5.13.

Was fehlte, wenn die Volkskirche fehlt?

Bettina Inderbitzin,
Sportlehrerin, Wohlen bei Bern

Wenn die Volkskirche fehlt, fehlt der Gesellschaft ein unersetzbares soziales Netz, bedingungslos tragend, schützend und verlässlich, auch ohne eigenes aktives Engagement immer Hilfe bietend. Ohne Volkskirche würde mir persönlich ein wichtiger Ort der Ruhe, des Auftankens und auch der Begegnung fehlen.

Claudia Kohli Reichenbach

Kirche als Option

Überlegungen zu Kirchenbindung und Volkskirche

Vor einiger Zeit zogen wir für zwei Jahre in eine Grossstadt an der amerikanischen Ostküste. Ich erinnere mich, wie wir uns für den ersten Sonntagmorgen überlegten, wo wir Gottesdienst feiern möchten: In der grossen Kathedrale in der Innenstadt? Bei den Mönchen des nahegelegenen Stadtklosters, das wir auf unseren Erkundungsspaziergängen durch die Stadt entdeckt hatten? In der kleinen reformierten Gemeinde, die ebenfalls unweit ihren Gottesdienstraum hatte? Wir flanierten auch zwei Jahre später noch mal da, mal dort hin. Die Ferne erlaubt, was man in der Heimat nicht tut.

Vor bald zwei Jahren zogen wir in die Hauptstadt der Schweiz. Ich erinnere mich, wie wir am ersten Sonntagmorgen die Glocken des Münsters hörten und uns überlegten, wo wir Gottesdienst feiern möchten: Die Berner *City-Kirche* wäre möglich gewesen, der Ruf der guten Münsterpredigten lockte, selbstverständlich die Parochialgemeinde als weitere Option. Hätten wir uns jedoch primär daran orientiert, was für uns als Familie attraktiv gewesen wäre – konkret: wo überhaupt zeitgleich ein Angebot für unsere Kinder bestand – so hätten wir einen Gottesdienst in einer der zahlreichen Freikirchen aufsuchen müssen. Oder die katholische Messe.

Selbst in einer überschaubaren Schweizer Stadt gibt es viele Wahlmöglichkeiten für den Kirchenbesuch. Auf bestimmte Zeit, wie damals in den U. S. A., hatte der Gebrauch des «Besuchsrechts» durchaus etwas Reizvolles. Längerfristig habe ich ein anderes Bedürfnis: Ich suche eine gewisse Beheimatung und dadurch Verbindlichkeit in einer kirchlichen Gemeinschaft. Bei meiner Nachbarin ist dies anders. Sie bevorzugt deutlich mehr Distanz zum kirchlichen Geschehen. Nicht, dass sie mit Kirche nichts am Hut hat; Veranstaltungen mit meditativem Charakter in der Kirche der unteren Altstadt besucht sie gerne – und tritt den Heimweg an, bevor bei heissem Tee die Gespräche untereinander einsetzen.

In aller Verschiedenheit gehören meine Nachbarin und ich zum kleiner werdenden Segment der Schweizer Bevölkerung, für das eine gewisse Kirchenbindung – ob näher oder distanzierter – attraktiv ist. In meinem Beitrag beleuchte ich im Anschluss an Überlegungen von Hans Joas die Frage, was auf dem Hintergrund der zahlreichen Wahlmöglichkeiten Kirchenbindung heute heisst (1). Wie sind aufgrund dieser Überlegungen die gegenwärtigen Krisenbewältigungsstrategien für die erkrankte Volkskirche[1] zu beurteilen (2)? Wie kann sich diese auf dem religiösen Markt als «Player» unter vielen anderen selbst verstehen? Zum Schluss wage ich die Skizze eines marktuntauglichen Interpretationsmodells der Volkskirche (3.).

1. Kirchenbindung vor dem Hintergrund vervielfältigter Optionen

Mit Wahlmöglichkeiten im religiösen Bereich setzt sich die 2012 publizierte Abhandlung «Glaube als Option» des deutschen Soziologen und Sozialphilosophen Hans Joas auseinander.[2] Bereits im Vorwort hält er fest, dass für die Glaubensthematik der Begriff der «Wahl», zumindest mit seinen ökonomischen Konnotationen, unpassend sei. Zwar hätten der Religionspluralismus, aber auch die fortschreitende Akzeptanz der «säkularen Option»[3], den Kontext für Glauben verändert. Allerdings hält Joas fest: «Das ändert nichts daran, dass die unvermeidliche Entscheidung zwischen Glauben und Unglauben oder zwischen verschiedenen Glaubensangeboten keine Wahl im Sinn der Ökonomen ist.»[4] Joas bevorzugt den Begriff der «Option», der Titel seines Buches verrät es. Damit markiert er, dass tatsächlich in allen Bereichen menschlichen Lebens eine Vermehrung von Handlungsoptionen stattgefunden hat, auch im religiösen. Aber es sei keine Marktlogik, die Menschen Glaube oder Unglaube, die eine oder andere Religion wählen lässt. Die «Logik» der Glaubenswahl habe andere Wurzeln.

Bevor Joas darauf genauer eingeht, legt er seine Lesart des gegenwärtigen Zeitalters dar. Weder Epochenbezeichnungen, die einseitig ein Thema herausschälen (zum Beispiel «Risikogesellschaft», «Erlebnisgesellschaft»), noch Zeitdiagnosen, die ausschliesslich den Bruch hervorheben («Postmoderne»), überzeugen ihn.[5] Joas selbst spricht vom «Zeitalter der Kontingenz» und rückt damit die Optionsvermehrung ins Zentrum seiner Diagnose. Als «kontingent» erscheint, «was weder notwendig noch unmöglich ist, was also ist, aber nicht sein muss.»[6]

---

1   Vgl. Stefan von Bergen, Krankenbesuch bei der Landeskirche, Berner Zeitung vom 28.09.2014.

2   Vgl. Hans Joas, Glaube als Option. Zukunftsmöglichkeiten des Christentums, Freiburg im Breisgau 2013 (2012).

3   Im Vorwort weist Joas darauf hin, dass der Titel in Auseinandersetzung mit dem Werk von Charles Taylor gesetzt wurde: vgl. «Ein säkulares Zeitalter».

4   Joas, Glaube, 10–11.

5   Vgl. a. a. O., 107–111.

6   A. a. O., 122.

Die Erfahrung von Kontingenz hat tiefgreifende Auswirkungen auf die eigene Gewissheit, weil ich immer weiss, dass ich mich auch für eine andere Option hätte entscheiden können.

Wie ist nun von diesen Überlegungen der Glaube betroffen? «Optionsvermehrung als Gefahr?»[7], wie Joas ein Kapitel seines Buchs überschreibt. Zerstört die Fülle von Möglichkeiten die Bindung an eine Religion, an eine kirchliche Gemeinschaft? Tatsächlich wird die Optionsvermehrung oft laut beklagt: «Zahlreich sind die Klagelieder vom Prozess fortschreitender Fragmentierung, dem Verlust der Werte in unserer Zeit, dem Verschwinden der Gemeinschaft, des Vertrauens, der Bindung und der Charakterbildung und eben auch des Glaubens.»[8] Joas will nicht einstimmen, sondern zuerst einmal nüchtern feststellen, dass das Bindungsverhalten unter gewandelten Bedingungen stattfindet, nämlich unter den Bedingungen gestiegener Kontingenz. Glaube nun, so Joas, bietet nicht primär eine «Kontingenzbewältigungstechnik»[9] im Sinne von: Ich binde mich mit geschlossenen Augen an feste Werte, dann habe ich zumindest etwas, das mir in der unüberschaubaren Fülle der Optionen Halt gibt. Vielmehr ermöglicht Glaube einen anderen Umgang mit Kontingenz. Joas hält fest: «Unter Bedingungen hoher Kontingenz kann es [...] sehr wohl zu festen Bindungen an Personen und an Werte kommen, es ändert sich nur die Art dieser Bindung; und nicht Relativismus ist das Resultat von Kontingenzsensibilität, sondern ‹kontingente Gewissheit›, eine Gewissheit, die sich der Kontingenz ihrer Entstehung bewusst ist.»[10] Zugespitzt argumentiert er: Bindungen an Personen oder Werte, an Glaube, an Kirche, entstünden nie aufgrund rein rationaler Einsicht; vielmehr seien Erfahrungen involviert, die binden und subjektiv «sinnvoll» erscheinen. Darum erschüttere auch die blosse Tatsache, dass es neben der gewählten Bindung andere Möglichkeiten gibt, die eigene Bindung nicht. «Gestiegene Kontingenz als solche gefährdet nicht die Entstehung von Bindungen. Sie beeinflusst allerdings die Art der Bindungen, die unter diesen Bedingungen überlebensfähig sind.»[11]

Was im religiösen Bereich gemäss Joas zu überlebensfähigen Bindungen gehört, führt er im weiteren Verlauf des Buchs aus. Ich beleuchte drei Aspekte, die mir für die Überlegungen zum Bindungsverhalten in der Volkskirche besonders wichtig erscheinen.

Erstens: In Anbetracht gestiegener Optionen unterstreicht Joas die Bedeutung der «Empathie», der «Einfühlung» also.[12] Die Fähigkeit sich einzufühlen, sich dadurch immer auch relativ von sich selbst zu distanzieren, hat herausra-

---

7   A. a. O., 129.
8   Ebd.
9   A. a. O., 126.
10 Ebd.
11 A. a. O., 139–140.
12 Vgl. 142–146.

gende Bedeutung für gute Koexistenz. Joas schreibt: «Wenn es zutrifft, dass uns unter Bedingungen gestiegener Kontingenz die Begegnung mit einer wachsenden Zahl von Fremden abverlangt wird, deren Fremdheit wiederum nicht in eindeutigen Klassifikationen ruhiggestellt werden kann, dann wächst die Bedeutung dieser Einfühlungsfähigkeit für das friedliche Zusammenleben ständig an.»[13] Empathie wird damit auch zur entscheidenden Voraussetzung für ein friedliches Miteinander von Kirchen mit je unterschiedlichen Bindungstypen. Dabei denke ich insbesondere an ein friedliches Miteinander von Volkskirchen und Freikirchen, das die Fähigkeit zur Selbstdistanzierung einfordert.

Zweitens: Gestiegene Optionen verunmöglichen feste Bindungen nicht – dies hebt Joas wiederholt hervor. Er erörtert, welche Organisationen denn Bindungsfreudigkeit fördern und kommt zum Schluss: «Immer mehr haben nur diejenigen von ihnen eine Chance auf Zulauf und Mitgliederengagement, die Formen der Beteiligung anbieten, in denen Aufgaben selbst definiert und gestalten werden können.»[14] Für die weiteren Überlegungen zur Volkskirche scheint mir diese Einsicht zentral. Ich werde sie in meinem zweiten Kapitel weiter entfalten.

Drittens: Bindungsfördernd ist schliesslich auch überzeugendes «Vorleben der (gewählten) Option», was ich in meinem dritten Kapitel erläutern werde. Zentral sind also die «Fähigkeiten derer, die diese Option vertreten und vorleben», vieles hängt ab «von ihrem Vertrauen, auch unter den heutigen Bedingungen nicht ein schwaches und zu schützendes Pflänzchen nur zu bewahren, sondern eine Option zu vertreten, deren Anziehungskraft sich – wird sie richtig verstanden – kaum einer entziehen kann»[15].

2. Bindung durch Beteiligung

Die Möglichkeit, Kirche mitzugestalten, fördert Kirchenbindung. Augenscheinlich ist dies in Bern an einem Ort kirchlicher Präsenz, den ich in meinen beschriebenen ersten Tagen, ja Monaten in Bern, noch nicht wahrgenommen habe. Kein Turm markiert ihn, keine Glocken laden am Sonntag zum Gottesdienst ein. Zum ersten Mal gesehen habe ich diesen Ort am Berner Kirchenfest im Sommer 2014, tanzend in einem Flashmob mitten auf dem Waisenhausplatz. Junge Menschen des Berner *HipHop Center* feierten ihre Zugehörigkeit zur Kirche. Bunt und wild war ihr Auftritt im Gesamtgeschehen jener Tage. Das *HipHop Center* ist ein «subkultur-orientiertes Zentrum mit dem Ziel, Interessierte bei der selbstständigen Umset-

---

13   A. a. O., 142f.
14   A. a. O., 143–144.
15   A. a. O., 148.

zung ihrer Aktivitäten der HipHop-Kultur zu unterstützen.»[16] Dabei macht es eine Verbindung zu «Gott». Wie genau diese Verbindung zu verstehen ist, verrät auch die Homepage nicht, aber sie verweist auf Gottesdienste. Der letzte fand in einer katholischen Quartierkirche statt. Man hört, dass 200–300 Leute diesen Gottesdienstort aufsuchen, nicht nur aus dem Milieu. Die Hiphop-Gottesdienste sind wesentlich mitgestaltet von den Jugendlichen – mit Rap, Break- und Streetdance und bei der Moderation. Damit wird abgebildet, was auch im Center gilt: Die Jugendlichen haben Mitspracherecht und entscheiden bei inhaltlichen und strukturellen Angelegenheiten grundlegend mit.

Andere solche Orte, an denen Kirche auf neue Weise gelebt wird und die von der hohen Beteiligung und aktiven Mitgestaltung der Mitglieder leben, sind in einem 2013 publizierten Themenheft der Zeitschrift «Praktische Theologie»[17] vorgestellt. Etwa die kulturübergreifende Arbeit von *Mitenand* in Basel, die nicht nur in den Gottesdiensten wesentlich vom Engagement der Mitfeiernden lebt. Auch bei den jährlich stattfindenden Familien-Freizeitwochen beteiligen sich alle Teilnehmenden aktiv an der Gestaltung. Im Projekt *Ökumenisches Forum HafenCity* in Hamburg, in dem innerhalb eines monumentalen Städtebauprojekts fast zwanzig verschiedene Gemeinden gemeinsam kirchliche Präsenz initiiert haben, wurde Verantwortung für wichtige Bereiche einer Kommunität übertragen. Mit der Entscheidung, den *Laurentiuskonvent* einzubinden, wurde zeichenhaft festgesetzt, dass an diesem Ort geistliches Leben durch die hohe Beteiligung «von unten» und nicht beispielsweise von einer delegierten Pfarrperson getragen wird. Auch die weiteren im Themenheft vorgestellten Projekte leben vom hohen Engagement von Freiwilligen. Gleichzeitig zeigt sich, dass in diesen Gefässen kirchlicher Präsenz durchaus auch deutlich losere Bindungen möglich sind. Die Jugendlichen im *HipHop Center* haben die Möglichkeit zu gewichtiger Mitsprache; und das Center lebt davon, dass viele diese Möglichkeit auch wahrnehmen. Aber wer sich zum Center zählt, kann auch eine viel distanziertere Bindung wählen und beispielsweise dort nur trainieren – beides ist im Projekt selbst vorgesehen.

Vor dem Hintergrund der im ersten Abschnitt vorgestellten Überlegungen zum gegenwärtigen Bindungsverhalten scheint es mir für die Volkskirche zentral, dass Projekte dieser Art weiter gefördert werden. Sie ermöglichen aktive Mitgestaltung und Engagement, sind aber als kirchliche Orte auch bewusst offen für diejenigen, die mehr Distanz suchen.

Ich möchte diese anderen *Lieux d'église*[18] nicht gegen die Parochialgemeinde ausspielen. Sie werden hier nicht als Gegenmodell zur bestehenden Organisati-

---

16   Vgl. http://www.hiphopcenter.ch (Zugriff am 28.11.2014).
17   Ralph Kunz/Uta Pohl-Patalong, Thema: Neue Formen von Gemeinde, in: Praktische Theologie 48/1, 2013.
18   Vgl. den Aufsatz von Ulrich Luz in diesem Band.

onsform der Landeskirche in weiten Teilen der Schweiz vorgestellt. Vielmehr soll der Beitrag für diese Orte sensibilisieren und auf ihre Chancen hinweisen.[19] Sie stärker einzubinden in die gegebene parochiale Struktur, halte ich für weder nötig noch möglich. Darum scheint mir auch die Forderung der Praktischen Theologin Isolde Karle nach einer Stärkung der Parochialgemeinde (und damit der Pfarrpersonen)[20] nicht zukunftsweisend. Ob diese Orte *Fresh Expressions of Church* sind? Vielleicht. Allerdings geschieht mein leises Werben für diese Orte nicht im Kontext der Krisenbewältigungsstrategie des «missionarischen Gemeindeaufbaus». Bei diesem Ansatz wird Kirche verstanden als «Gegenüber zu einer als weitgehend säkular verstandenen Gesellschaft, aus der heraus sie Menschen für das Evangelium und das kirchliche Engagement gewinnt.»[21] Inwiefern meine Überlegungen in eine andere Richtung zielen, macht mein dritter Abschnitt deutlich.

3. Mitten unter dem Volk

Ich habe für den dritten Teil ein markt*un*taugliches Interpretationsmodell der Volkskirche angekündigt. Markttauglich scheint die Strategie vieler Freikirchen zu sein, wie eine im Oktober 2014 publizierte Studie zum «Phänomen Freikirchen» erläutert.[22] Die Autorinnen und Autoren des religionssoziologischen Forschungsteams um Jörg Stolz von der Universität Lausanne führen aus, warum ihres Erachtens Freikirchen ein eigenes «soziales Milieu» darstellen, das als wettbewerbsstark zu charakterisieren sei. Dabei definieren sie den Milieu-Begriff als «eine Grossgruppe von Individuen mit gleicher Weltanschauung und einer Reihe von spezifischen Wertvorstellungen und Regeln. Weiter zeichnet er sich aus durch Abgrenzung gegen aussen sowie, im Innern, durch die Ausfaltung einer auf einer Normsprache beruhenden eigenen Kommunikation».[23] Entscheidend für das Aussen bzw. Innen ist die Bekehrung, das heisst die «individuelle [...] und bewusste [...] Option, in die Nachfolge Christi zu treten und ein seiner Lehre entsprechendes Leben zu führen»[24]. Die in Hauptaspekten gleich verstandene Lehre steht im Zentrum der Kultur des freikirchlichen Milieus. Sie wird durch eine breite

---

19 Dass sich mit diesen neuen Orten kirchlicher Präsenz auch neue Schwierigkeiten und Spannungen ergeben, ist selbstverständlich. Eberhard Hauschild und Uta Pohl-Patalong haben die Themenfelder benannt, vgl. dieselbe, Kirche, Gütersloh 2013, 304–305.

20 Eine Zusammenfassung zur Situationsanalyse und zum Reformvorschlag von Isolde Karle findet sich bei Hauschildt/Pohl-Patalong, Kirche, 285–289.

21 A. a. O., 292. Kursivsetzung ist hier weggelassen.

22 Vgl. Jörg Stolz/Olivier Favre/Caroline Gachet/Emmanuelle Buchard, Phänomen Freikirchen. Analysen eines wettbewerbsstarken Milieus, Zürich 2014.

23 A. a. O., 25.

24 A. a. O., 31.

Palette von Angeboten und Strukturen belebt: Neben religiösen Angeboten stellt das Milieu «eine Vielzahl von ‹Nebenaktivitäten› (Lager, Ausgang, Wochenende, künstlerische und sportliche Aktivitäten, Hilfebeziehungen und psychologische Unterstützung ...)» zur Verfügung, welche die Mitglieder, «falls gewünscht – die ganze Woche beschäftigen und ihre ganz unterschiedlichen Bedürfnisse befriedigen werden».[25] Damit wird ein «starkes Zugehörigkeitsgefühl» ermöglicht, Freunde bewegen sich ebenfalls in dieser Kultur, auch die Partnersuche setzt hier an. Wettbewerbsstark sei dieses Milieu zum einen genau wegen dieser Breite an Identifikationsmöglichkeiten. Die Autoren und Autorinnen fassen zusammen: «Das Milieu positioniert sich effizient im Wettbewerb mit anderen säkularen Gütern, da die Akteure des Systems dort nicht nur alle ihre spirituellen, sondern auch alle ihre materiellen, sozialen und psychologischen Bedürfnisse stillen können.»[26] Zum andern sei das evangelisch-freikirchliche Milieu aber auch so wettbewerbsstark, weil es oft sehr innovativ sei und attraktive Angebote entwickele, in denen die zentrale Lehre in zeitgenössischer Sprache kommuniziert werde.

Während ich diese fast 400 Seiten starke Untersuchung der Lausanner Forschungsgruppe eingehend studiere, taucht in Bern auf Einladung ein Wanderer auf, um aus seinem Leben zu erzählen.[27] Normalerweise wandert er in der Grossstadt, nachts teilt er mit anderen eine kleine Wohnung im Berliner Bezirk Kreuzberg. Christian Herwartz, ein gut 70-jähriger Jesuit, war lange Arbeiterpriester. Heute leitet er u. a. Exerzitienkurse auf der Strasse an und begleitet Menschen, insbesondere auch solche, die an den Rand gedrängt sind. An diesem Oktobertag erzählt er mir, wie er in seinen Kursen Menschen anleitet, auf öffentlichen Plätzen, an unerwarteten Orten, im Gehen auf der Strasse Gottes Gegenwart zu suchen. Und sie zu finden in der Begegnung mit Menschen, die nicht als zu Überzeugende definiert werden, sondern als Trägerinnen und Träger der frohen Botschaft. In Erwartung, dass Gottes Gegenwart sich mitten in der Stadt ereigne, feiert Christian Herwartz in seinen Kursen da und dort draussen Gottesdienst. Es soll schon vorgekommen sein, dass sich ein Obdachloser, der in der Nähe war, in die spontane Inszenierung der biblischen Geschichte eingemischt habe und den Stein, der gegen die Ehebrecherin gerichtet war, in den Fluss warf. An einem anderen Ort sei die Betreiberin der Frittenbude sichtlich irritiert und befremdet gewesen ob des Gottesdienstes im Freien. Bruder Christian, dieser «phantastische Passant»[28], wandert und feiert

---

25 A. a. O., 26.

26 A. a. O.

27 Sein Leben und seine Theologie sind dokumentiert in Christian Herwartz, Auf nackten Sohlen. Exerzitien auf der Strasse, Würzburg 2010 (2006), ders., Brennende Gegenwart. Exerzitien auf der Strasse, Würzburg 2011.

28 Vgl. Michel de Certeau, Mystische Fabel, 16. bis 17. Jahrhundert, aus dem Französischen von Michael Lauble, Berlin 2010, 123: «An den Rändern und in den Klüften unserer Landschaften hält dieser phantastische Passant die Radikalität hoch, die notwendig ist, wenn

Gottesdienst nicht unter dem Volk, weil er dort etwas vermitteln will, sondern weil er mitten unter dem Volk Gottes Gegenwart vermutet. Seine Mission besteht darin, diese Erwartung auch bei anderen zu wecken.

Kirche ist Volkskirche, wenn sie sich unter das Volk wagt, das ist mein markt*un*tauglicher Vorschlag. Wie Jesus, der bisweilen in der Menge verschwand. Dabei die Muskeln spielen zu lassen, scheint mir unnötig, manchmal gar schädlich. Es ist die Position der Schwachen, in der sich die Kirche als Volkskirche unter das Volk begibt. Nicht weil ihre Option, ihr Bekenntnis schwach wäre. Ganz im Gegenteil.

Als ich spätabends die Montbijoustrasse in Richtung Hirschengraben hochging, stutzte ich einen Moment lang, als ich linker Hand am Schaufenster der *International Christian Fellowship ICF* vorbeizog. Wie anders präsentiert sie sich als meine Kirche. Ich stutzte und blieb stehen. So lange, bis sich das Erbarmen der Nacht auch über meine Überlegungen senkte, ich getrost weiterziehen konnte, selbstvergessen, und mich diesmal das «Nünitram» nach Hause führte.

---

jene Wege begangen werden sollen, die die Wissen und Sinn liefernden Institutionen fliehen oder aus dem Auge verlieren.»

B – Reaktionen und Wünsche

Was fehlte, wenn die Volkskirche fehlt?

Mirko Jansen,
Elektrotechniker und Salsatänzer, Zürich

Ich gehe auch gerne in die Gottesdienste vom ICF. Sonntagabend passt mir gut von der Zeit her, und die Stimmung ist cooler. Aber die Landeskirchen machen mehr für die Leute. Für alle Leute, auch die alten und die in den Spitälern. Darum braucht es auch die Volkskirche.

Andreas Zeller
Wandel in Kirche und Gesellschaft
Brief an die Herausgebenden

Liebe Claudia Kohli Reichenbach und lieber Matthias Krieg

«Wir sind und bleiben Volkskirche, die sich reformiert.» So lautet das erste Ziel im neuen Legislaturprogramm 2011–15 des Synodalrats der reformierten Kirchen Bern-Jura-Solothurn. Sie haben mir die Aufgabe gestellt, als Präsident des Synodalrats auf die Beiträge in diesem «denkMal» zu reagieren. Auf dem mir zustehenden Platz untersuche ich hier die Aufsätze im Blick auf ihre Relevanz für unsere Kirche und deren erstes Legislaturziel.

Überblick

Matthias Krieg erläutert die Herkunft des Begriffs. «Volk» wurde erst zu Beginn des 19. Jahrhunderts von Herder und Heine verwendet, nachdem vorher von «Ständen» die Rede gewesen war. «Volkskirche» findet sich erstmals 1809 bei Schleiermacher. Jedoch nicht für die damalige, sondern für die sehnsüchtig erwartete «Kirche der Ahnung». Obwohl «Volk» in Richtung national-völkisch bzw. sozial-proletarisch verideologisiert wurde, blieb «Volkskirche» und steht wie «Volksbank» oder «Volksschule» vor der hermeneutischen Frage, ob sie eine «Kirche des Volks» oder eine «Kirche für das Volk» ist. Das Glossar unter dem Titel «Vs.vermehrung» umfasst nicht weniger als 67 Lexeme.

Ulrich Luz beschreibt die vielen Kirchenmodelle im Neuen Testament, jedes mit seinem eigenen Profil. Zudem hat sich die heutige Volkskirche mit parochialen Grundstrukturen und Synoden über lange Zeit entwickelt. Dazu gehört die nüchterne reformatorische Ekklesiologie mit dem Vorrang von Wort und Sakrament gegenüber der sichtbaren Gestalt von Kirche wie Gemeinschaft oder Finanzen. Ein neues Kirchenbild sieht Luz im *lieu d'église* – in den 80er Jahren in der Neuenburger Kirche entstanden –, der den Moment bezeichnet, in dem sich Kirche ereignet. Alle kirchlichen Gemeinschaften können *lieu d'église* werden, ohne sich selbst absolut zu setzen. Gemeinsam ist den neutestamentlichen Kirchenbildern der Bezug zu Christus, der in gemeinsam gelebter Glaubenspraxis ausgedrückt und in gelebter, lebendiger Gemeinschaft realisiert wird. Diese beiden Aspekte könnten, unter Einbezug pietistischer Erfahrungen, auch für unsere Volkskirchen bedeutsam werden.

Christoph Morgenthaler setzt bei seinem Fach, der Seelsorge, an. Die Volkskirche als «historisch einzigartige Form westeuropäischer Verfasstheit von Kirche» ist präsent im Leben und Leiden der Menschen, so in den Spitälern oder Gefängnissen. Sie ist präsent auch bei den Kirchenfernen und «kooperations- und interdisziplinär gesprächsfähig», auch auf der Unfallstelle. Volkskirche denkt daran, dass Postsäkularität die Säkularität voraussetzt, deshalb hat sie die Seelsorge, früher definiert als «Frage des gesunden Menschenverstandes», weiterentwickelt und professionalisiert. Wie jede theologische Wissenschaft steht die Seelsorge der Volkskirche im Dialog mit der Wissenschaft und setzt ihre Botschaft der Rationalität aus.

Alfred Aeppli geht von gesunden, vitalen Gemeinden aus, die vom Glauben begeistert sind und in denen auch Behörden, Mitarbeitende und Freiwillige regelmässig miteinander beten. Interessant ist die Analyse des Kirchenkreises Jegenstorf: 5 % der Mitglieder sind engagiert und christlich, 10 % traditionell kirchlich, 65 % wohlwollend distanziert und 20 % kritisch distanziert. Solch plurales Gemeindeleben ist fruchtbar zu gestalten und zwar mit Kasualien, in der Kerngemeinde wie auch bei Kirchenfernen. Es braucht eine Komm- und eine Geh-Struktur. Vier Bereiche sind regelmässig zu pflegen: Erneuerung des Gottesdienstes, regelmässige Glaubenskurse, niederschwellige Kleingruppen oder Hauskreise, Familien- und Kinderarbeit. Deshalb müssen die Pfarrpersonen mehr sein als *Verbi Divini Ministri*: nämlich Spezialisten für Leitung, Begleitung und Motivation der freiwilligen Teams.

Sabrina Müller, mixed economy of church, erklärt diesen Begriff mit «Kirche als Haushalt Gottes, welche die Verantwortung für Gottes Heilsplan mitträgt». Das parochiale System wird ergänzt durch die *fresh expressions of Church*, d. h. Netzwerk- und Interessensgemeinden, Hauskirchen und andere Ausprägungen von Kirche. Die beiden Systeme sollen sich nicht konkurrenzieren, sondern ergänzen; die *fresh expressions* bilden keine Parallelstruktur in der *Church of England*. Neben funktionierenden Beispielen in Gemeinden und Diözesen gibt es auch misslungene. *Mixed economy* gelingt, wenn Pfarrpersonen und Freiwillige eng zusammen arbeiten. Dazu müssen die Ordinierten von der Kanzel hinuntersteigen und «den Freiwilligen auf Augenhöhe begegnen».

Schliesslich denkt *Claudia Kohli Reichenbach* in «Kirche als Option» über Kirchenbindung und Volkskirche nach. Sie sucht «eine gewisse Beheimatung und dadurch Verbindlichkeit in einer kirchlichen Gemeinschaft». Bindung an eine Kirche hängt nicht von rationalen Einsichten, sondern auch von Emotionen und

Erfahrungen ab. Überlebensfähige Bindungen erfordern seitens der Glaubenge-
meinschaft Empathie, Auswahl von Beteiligungsformen und Vorbilder. Beispiel
dafür ist das Berner *HipHop Center*. Solche *lieux d'église* sollen nicht gegen die
Parochialgemeinde ausgespielt werden. Ebenso wenig ist die Stärkung derselben
zukunftsweisend. Volkskirche muss sich unters Volk wagen, aber ohne die Muskeln spielen zu lassen.

Stärken der Volkskirche

Die Systematikerin *Christiane Tietz* betrachtet die Volkskirche nicht soziologisch
und quantitativ, sondern qualitativ. Die Frage lautet «wie» und nicht «wie viele».
Qualitätsfaktoren sind Kindertaufe, flächendeckendes Parochialsystem, öffent-
lich-rechtliche Anerkennung, Teilnahme am gesellschaftlichen Diskurs, inner-
kirchliche Pluralität und strukturelle Offenheit als besondere Stärke. Volkskirche
ist «*Kirche für das Volk*», weil sie mit ihren Angeboten für alle offen ist. Es gibt
einen Unterschied zwischen dieser sichtbaren Kirche und der unsichtbaren *communio sanctorum*, die geglaubt wird. Da nur Gott den Glauben der Menschen
sieht, ist nicht bestimmbar, wer zur Gemeinschaft der Heiligen gehört. Deshalb
werden in der Volkskirche alle so behandelt, als gehörten sie zur Gemeinschaft
der Heiligen. Im Zentrum steht nicht der Glaube des Einzelnen, sondern Wort
und Sakrament stehen dort als Kennzeichen für das Kirchesein. In der postmodernen Situation erfüllt die Volkskirche ihren Versorgungsauftrag erfolgreich und
bedient die Menschen mit Nächstenliebe, Religion, pastoralen Leistungen und
Ethik. Unabdingbar ist der dank Freiwilligenarbeit mögliche diakonisch-carita-
tive Dienst.

«*Kirche durch das Volk*» ist die Volkskirche insofern, als die Glaubensgeschichte des Einzelnen als persönliches Zeugnis wichtig ist. Durch das Erzählen
desselben geschieht Mission als glaubwürdige Weitergabe der christlichen Botschaft. Das ist Priestertum aller Glaubenden, von dem die Volkskirche lebt. Die
kirchlichen Profis müssen zu diesem Priestertum anleiten. Die Volkskirche lädt
zu einem breiten Teilnahme-, Mitwirkungs- und Glaubensverhalten ein. Zentral
ist der Gottesdienst mit der Predigt über biblische Texte und traditionellen Teilen
(gemeinsames Unservater, aaronitischer Segen, altbekannte Lieder).

«*Kirche für die Gesellschaft*» ist Volkskirche durch Predigt, Unterricht und
Seelsorge. Da sie nicht Staatskirche ist, kann sie ihren Freiraum nützen und sich
stärker als Freikirchen zu politischen und gesellschaftlichen Fragen äussern.
Schliesslich ist sie, wie alle Kirchen, Teil der *communio sanctorum* und gehört
zum einen Volk Gottes, der seine Kirche am Leben erhält.

Fazit

Ein *Wandel* in der Gesellschaft ist eingetreten, den die Kirchen zu spüren bekommen. Das ist aus allen Beiträgen ersichtlich. Mitte des 20. Jahrhunderts erlebte die Volkskirche ihren Höhepunkt. Seit 1970 vermindern sich ihre Mitgliederzahlen, ihre künftige Gestalt ist schwierig vorauszusehen. Dem Wandel in der Gesellschaft folgt der Wandel in der Kirche. Eine Krise, keine Katastrophe, vielmehr eine Chance.

Mit *denkMal 8* haben Sie viele bedenkenswerte Anregungen und Vorschläge ausgelöst und abgerufen. Das ist aus Sicht der Kirchenleitung und Kirchenpolitik ermutigend. Merci.

Ihr Andreas Zeller

Was fehlte, wenn die Volkskirche fehlt?

Heinz Hofer,
Coiffeur und Bandmitglied der Cordon Blues, Zürich

Facebook hin oder her. Hier im Laden sind wir persönlich im Gespräch. Über alles Mögliche. Wir sind ohne **Facebook** vernetzt. Wie beim Tante-Emma-Laden kennt man sich. Oder wie letzthin: Ein Kunde schaut durchs Fenster, kommt in den Laden, verlangt eine Visitenkarte, wechselt ein paar Worte und kommt dann ein paar Tage später zum Haareschneiden.

Das Reale und Nahe ist wichtig. Dazu gehört auch die Volkskirche. Deshalb wird sie wieder kommen, nachdem alles virtuell und anonym geworden ist. Die Leute suchen wieder die Nähe.

Urs Meier

Reden wir von der reformierten Kirche!

Zukunftsdebatte ohne begriffliche Sackgassen

Lieber Matthias

Du hast mich um eine Reaktion auf die Beiträge in diesem Band von denkMal gebeten. Am Anfang gleich mein Fazit: Als Leitlinie für eine Zukunftsdiskussion ist der Begriff «Volkskirche» heute ungeeignet. Er führt in Sackgassen und auf Nebengeleise.

Der Ausdruck «Volkskirche» ist – zumindest ausserhalb von Spezialdiskursen – etwa so zeitgemäss wie der des «Volksbades». Zweifellos ist es interessant und wichtig, sich darüber zu verständigen, was mit «Volkskirche» seit Schleiermacher in diversen Kontexten alles gemeint war und welche der damit verbundenen Vorstellungen für heute und morgen von Bedeutung sind. Möglicherweise kann diese Fachdiskussion einiges zur Zukunftsdebatte beisteuern; bei der Suche nach zukunftstauglichen Leitbildern wird der Begriff «Volkskirche» jedoch keine orientierende Wirkung entfalten.

Die Gründe hierfür liegen einerseits in der Geschichte des Volksbegriffs und der Volkskirche, andererseits in den gesellschaftlichen Veränderungen seit der Herausbildung des Volkskirchenkonzepts in seiner (deutsch)schweizerischen Ausprägung. Matthias, ich stimme Dir zu, wenn Du in Deinem Essay zur kulturgeschichtlichen und politischen Karriere des Volksbegriffs zum Schluss kommst, der Ausdruck «Volkskirche» sei ebenso belastet wie klärungsbedürftig.

Rückblick auf die Erfindung «der» Kirche

Was in Eurer inspirierenden Sammlung von Beiträgen zur Volkskirche fehlt, ist ein Blick auf den kirchengeschichtlichen Ort des Begriffs. Die bürgerlichen Umwälzungen des 19. Jahrhunderts lösten die zuvor vom jeweiligen Feudalherrscher bestimmte Volksreligion ab durch ein individuelles Freiheitsrecht, wenn auch vorerst lediglich als Prinzip. Doch schrittweise wurde die proklamierte Religionsfreiheit in der Folge verwirklicht.

Mit der Entlassung aus dem obrigkeitlichen Zwangsregime wurden die Religionsgemeinschaften im Rahmen der neu gebildeten Staatlichkeit rechtlich und organisatorisch institutionalisiert. Dieser komplexe Prozess verlief in den Kantonen und mit den Konfessionen unterschiedlich und brachte eine Kirchenlandschaft mit diversen Variablen, aber doch gemeinsamen Konturen hervor. Insgesamt kann man von einer revolutionären Wandlung des Kirchenwesens im 19. Jahrhundert sprechen. Die Konfessionen durchliefen ähnliche Transformationen wie eine Reihe weiterer Institutionen: Religion, Kultur, Politik, Wirtschaft, Bildung, Rechtspflege wurden zu Teilsystemen der modernen Gesellschaft. Im Zuge des für die Modernisierung kennzeichnenden Prozesses der funktionalen Ausdifferenzierung erhielt die Kirche eine Reihe neuartiger Merkmale, durch die sie ihren Platz im eben entstehenden Staat einnehmen konnte: rechtliche Verankerung, demokratische Verfassung, innere Organisation und Leitung, Finanzierung, Rechenschaftspflicht etc.

Mit der Eingliederung der Kirche in den modernen Staat wurde Religion zu einem Thema und einem «Zuständigkeitsbereich» neben anderen. Mehr noch: Die gesellschaftspolitische Definierung religiöser Institutionen bereitete erst den Boden dafür, dass diese in ein und demselben Staatswesen nebeneinander zu koexistieren lernten. Kurz, in der zweiten Hälfte des 19. Jahrhunderts entstand, was wir heute als «die» Kirche kennen. Etwas zugespitzt kann man sagen, damals sei die Kirche in ihrer volkskirchlichen Form erfunden worden.

Im reformiert geprägten Teil der Schweiz verliefen staatliche und kirchliche Demokratisierung in enger gegenseitiger Verschränkung, während die demokratischen Strukturen der Kirche im katholischen Teil meist gegen klerikale Widerstände erkämpft und erzwungen werden mussten. Der Begriff «Volkskirche» gehört denn auch primär zur reformierten Terminologie. Mit dieser Selbstbezeichnung stellte sich die reformierte Kirche quasi an die Seite und auf die Stufe des Staats. Parallel zur bürgerlichen Mündigkeit des Staatsvolks galt in Angelegenheiten der Religion die Mündigkeit des Kirchenvolks. Sie ermöglichte für die beiden Hauptkonfessionen ein weltweit einmaliges Ausmass an basisdemokratischen Rechten. Der Umstand, dass die Kantone konfessionell mehrheitlich ziemlich homogen zusammengesetzt waren, erlaubte es, «das Volk» in Kirchen- wie in Staatsdingen als kollektives Subjekt zu sehen. Kantone, in denen die Konfessionen nebeneinander bestanden, behalfen sich mit dem Konstrukt des ebenfalls staatsähnlich verfassten Konfessionsteils und organisierten so gewissermassen zwei parallele Volkskirchen, wobei sich die katholische wegen der kanonischen Festlegung ihres Kirchenbegriffs als «Weltkirche» üblicherweise nicht so bezeichnete.

Unübertroffen, aber missverständlich

Die Erfindung der Volkskirche ist nach der Reformation und dem Pietismus die bedeutendste kirchliche Entwicklung der letzten fünfhundert Jahre. Wenn heute vom baldigen oder womöglich vom heimlich schon eingetretenen «Ende der Volkskirche» die Rede ist und wenn manche dieses Ende gar gutheissen als ein Abwerfen historischen Ballasts (so der in diesem Band mehrfach zitierte katholische Theologe Paul Zulehner), besteht die Gefahr, dass das Beste der «Errungenschaft Volkskirche» unbedacht entsorgt wird.

Christoph Morgenthaler hat in seinem schönen Beitrag die Qualitäten dieser «Erfindung» dargestellt. Er plädiert für eine bescheidene, behutsame Annäherung ans Thema Volkskirche und beschreibt auf einleuchtende Art die Seelsorge als deren «Muttersprache». Morgenthaler beglaubigt mit seiner Schilderung die Einschätzung, dass mit dem Konzept Volkskirche eine unübertroffene Grundlage für kirchliche Tätigkeit und Präsenz gerade auch in der heutigen Zeit zur Verfügung steht. Mit ebenso poetischen wie theologisch gefüllten Thesen gibt er Impulse und Hinweise für den «reflexiven Ruck», den er für die notwendige Zukunftsdebatte empfiehlt.

In der heutigen Situation ist der historische Volkskirchenbegriff zwar aufgrund der öffentlich-rechtlichen Verfasstheit der Kirchen noch immer gültig – und deshalb auch in Gebrauch. Doch die gesellschaftliche Entwicklung bewegt sich in die Richtung eines religiös-parareligiös-areligiösen Pluralismus, in dem Begriff und Vorstellung einer Volkskirche zunehmend zur Prätention oder gar zur Fiktion werden. Die Marginalisierung gerade der reformierten Kirche hängt nicht nur an objektiven Fakten, sondern ebenso an Wahrnehmungen, und die sind zumindest in der distanzierten Aussensicht kaum mehr mit einer Vorstellung von Volkskirche zu vereinbaren. Was die Zahlen betrifft, so verlaufen die Mitgliederverluste bekanntermassen regional unterschiedlich. Zudem sind sie überlagert von demographischen Verschiebungen wie Migration und Alterung und sollten deshalb nicht allzu simpel gedeutet werden. Doch der Trend ist klar und überall zu beobachten: Teile des Volks kehren den Volkskirchen den Rücken.

In dieser Situation kann man versuchen, die historische Bezeichnung «Volkskirche» à jour zu bringen, indem man ihre heute identitätsstiftenden Merkmale herausarbeitet und theologisch verankert. Dieser Weg ist sachlich durchaus gangbar und hat sich in kirchlichen Debatten etabliert. Im Beitrag von *Christiane Tietz* wird er beispielhaft aufgezeigt. Doch besser als eine theologische Rettung des Begriffs Volkskirche wäre es, eine Bezeichnung zu verwenden, die nicht dauernd gegen Missverständnisse abgesichert zu werden braucht.

Starke Marke

Diese Bezeichnung ist nicht nur längst gefunden, sondern glücklicherweise auch bereits offiziell in Gebrauch: «Reformierte Kirche». Auf sie treffen die von Christiane Tietz zur inhaltlichen Bestimmung des Volkskirchenbegriffs treffend erläuterten Merkmale vollständig zu.

Darüber hinaus aber stecken im Bedeutungsgehalt des Namens «Reformierte Kirche» im (deutsch)schweizerischen Kontext weitere theologische, kirchliche, kulturelle, mentalitätsgeschichtliche Eigenheiten:

- Das genuin Reformierte betont die religiöse Nüchternheit und Innerlichkeit.
- Es hebt die individuelle Verantwortung vor Gott hervor.
- Es schliesst die Bejahung von Staat und Solidarprinzip ein und motiviert je nach den Verhältnissen zu Partizipation oder Widerstand.
- In kirchlichen Dingen zeigt es sich basisorientiert, antihierarchisch, antizeremoniell und demokratisch.

Solche Qualitäten machen in Ergänzung zu den erwähnten grundlegend theologischen Orientierungen das «Reformierte» zu einer «Marke» mit einer starken, innerhalb der protestantischen Konfessionen und Denominationen unverwechselbaren Identität. «Die Reformierten» oder «Die reformierte Kirche» sind umgangssprachlich geläufige Ausdrücke. Stärker kann eine Marke nicht sein, als wenn sie bereits in der Alltagssprache beheimatet ist.

Jost Wirz legt dies in seinem Beitrag aus der Sicht des Kommunikationsfachmanns dar. Seine klare Präferenz ist in der Markenstrategie beispielsweise der «Reformierten Kirche Kanton Zürich» bereits umgesetzt. Andere Kantonalkirchen sind in dieser Richtung schon früher vorausgegangen, wenn auch teilweise nicht in gleicher konzeptioneller Konsequenz wie die Zürcher.

Ausblick

Lieber Matthias, Ihr habt eine Ausgabe organisiert, die hoffentlich zu fruchtbaren Diskussionen führt, aber auch zu nachhaltigen Massnahmen.

Es ginge nun darum, in dieser Begrifflichkeit nicht nur eine öffentlich gut vermittelbare Namensgebung für die komplexen kirchlichen Institutionen zu sehen, sondern vielmehr das Reden und Nachdenken über Kirche generell auf diese terminologische Grundlage zu stellen: Gesucht sind ein Leitbild, ein Handlungskonzept, eine Organisation etc. nicht für die «Volkskirche», sondern für die «Reformierte Kirche». Dieser terminologische Befreiungsschlag wird weder die

Ausgangslage verändern noch alles bereits Gedachte über den Haufen werfen. Aber er wird es erleichtern, die Debatte unmittelbar im Heute anzusiedeln und in regem Austausch mit der Öffentlichkeit voranzubringen.

Danke, und mit herzlichen Grüssen, Urs.

Was fehlte, wenn die Volkskirche fehlt?

Alexander Tschäppät,
Stadtpräsident, Bern

Fehlt dem Volk die Kirche, ist das bitter.
Schlimmer aber ist, wenn der Kirche das Volk fehlt.
Drum vergesse die Kirche nie, wer und wo das Volk ist.
Damit die Kirche im Dorf bleibt.
Und das Volk in der Kirche.

Christina Aus der Au

Das viele Kirchenvolk und die eine Volkskirche

Liebes Kirchenvolk,

liebe Ehrenamtliche und Hauptamtliche, liebe getreue Sonntagsgottesdienstbesu-
cherinnen, liebe Weihnachtschristinnen und Kasualchristen, liebe Kirchenferne
und Passivmitglieder – sowohl diejenigen, denen es wichtig ist, dass es die Kirche
für andere gibt, wie auch diejenigen, die vergessen haben, dass sie zur Kirche
gehören – liebe Kerngemeindeangehörige, liebe Jugendliche, die Ihr erst mal kon-
firmiert werdet und nachher weiterschaut, liebe Fromme, die Ihr an der Profillo-
sigkeit, und liebe Liberale, die Ihr an der Engstirnigkeit der Kirche leidet. Liebes
Kirchenvolk!

Ihr seid Kirche! Das wollte ich doch noch einmal gesagt und geschrieben
haben in diesem schlauen Büchlein, in dem die Volkskirche aus allen möglichen
Disziplinen beleuchtet, aus allen möglichen Perspektiven gedreht und gewendet
wird. Ihr – nicht als kollektives Subjekt, wie es die ganz und gar unvollständige
Aufzählung eingangs ja schon ausdrückt, sondern als eine Vielfalt von selbst denkenden, selbst Gott in je ihrer Weise erfahrenden, an Christus je in ihrer Weise
Anteil habenden, von Biografie und Lebenswelt geprägten, evangelisch-reformierten Mitglieder unserer Kirche. Ihr seid viele, auch wenn Ihr nicht mehr so viele
seid wie damals, als Ihr alle umfasst habt. Es hängt nicht an der Zahl, sondern an
der Vielfalt.

Diese Vielfalt in, neben und rund um die Kirche ist kein Kollateralschaden der
Postmoderne, keine Bedrohung weder des Glaubens noch der Kirche, im Gegenteil! Wie *Ulrich Luz* schön ausführt, ist diese Vielfalt von Glaubensformen und
Kirchenbildern schon in den biblischen Schriften selbst angelegt. Der Glaube der
kleinen Leute, der Glaube der Theologen, der Glaube von Frauen, von Zöllnern,
der Glaube von Sklavenhaltern und von Mystikern, von Eiferern und Zweiflern,
findet je seinen Niederschlag in den Texten. Und diese Texte lesen die meisten von
uns nicht mehr angestrengt als das Buch der einen Lehre, sondern als eine viel-

fältige Sammlung von Geschichten, die anstecken und herausfordern, manchmal die eine, manchmal die andere. Wieso sollte die Kirche weniger vielfältig sein als die Bibel? Wieso sollte die Kirche weniger inklusiv, weniger offen und einschliessend sein als die Heilige Schrift, die eine Chronik umfasst ebenso wie einen Hiob, einen Römerbrief ebenso wie einen Jakobusbrief, ein Evangelium von Matthäus ebenso wie eines von Johannes? Die Kirche ist nicht aus dem einen Volk Gottes hervorgegangen, sondern aus vielen Völkern, die auch in Ewigkeit Vielfalt bleiben, bis sie mitsamt ihren Königen einziehen ins neue Jerusalem (Off 21,24). *Sabrina Müller* führt aus, wie die anglikanische Kirche damit ernst macht und neben den klassischen Kirchgemeinden auch andere Ausdrucksformen von Kirche, *fresh expression of Church,* unterstützt. Kirche im Café, Kirche mit lauter Freiwilligen, Kirche mit hochverbindlicher Gemeinschaft und Kirche bei Gelegenheit. Ihr alle seid Kirche.

Liebes vielfältiges Kirchenvolk also!

Es gibt auch Menschen, die sind nicht Kirche. Sie wollen es nicht sein, sie können mit der christlichen Tradition auch in ihrer Vielfältigkeit nichts anfangen, sie sind Andersgläubige, glauben an einen anderen Gott oder an die Wissenschaft. Sie bekämpfen die Kirche, verspotten sie oder schätzen sie als kulturbewahrende Institution. Die Kirche ist ihnen ein Dorn im Auge oder vollkommen gleichgültig. Sie sind nicht Kirche. Wenn die Volkskirche aus dem Kirchenvolk besteht, muss es auch die Möglichkeit geben, nicht dazuzugehören.

Und doch gehören sie irgendwie auch dazu. Nicht vereinnahmt als anonyme Christen, sondern als Spiegel, als Schleifstein, als diejenigen, in und vor deren Gedanken- und Tatwelt die Kirche immer wieder auch die Hoffnung verantworten muss, die in ihr ist (2Tim 4,16). Wie verantwortet Ihr Hoffnung und Liebe trotz Krieg, Naturkatastrophen und Fundamentalismus? Wie verantwortet Ihr den Glauben inmitten von naturalistischen Welterklärungen und alternativen Religionen? Wie verantwortet Ihr Euer Festhalten an den biblischen Texten, an Christus und an der Gnade Gottes fünfhundert Jahre nach der Reformation? Und wie Euer Bekenntnis zur Einheit der Kirche angesichts der Individualisierung und Pluralisierung von Religion?

Die Herausforderung, Kirche nicht nur für die Binnenkirchler, sondern auch für die Kirchendistanzierten innerhalb und ausserhalb der Kirche zu verantworten, prägt und weitet die Sprache Eures Glaubens und Eurer Volkskirche – so wird sie klarer und anschlussfähiger für viele. *Christoph Morgenthaler* spricht in seinem Beitrag von «der bescheidenen Kirche» mit einem geschärften Sensorium für dasjenige, was hier und jetzt nottut. Nicht nur im Reden, sondern auch im Tun, nicht nur im Privaten, sondern auch in der gesellschaftlichen Öffentlichkeit, wie *Christiane Tietz* schreibt. Nicht mit dem Anspruch des allzeit Richtigen, sondern mit der Sorge für den und die Menschen, mag diese nun bescheiden oder prophetisch daherkommen. Laut hör- und sichtbar, wie der *Deutsche Evangelische Kirchentag* oder leise, wie Bruder Christian Herwartz, den *Claudia Kohli Reichenbach* getroffen hat.

Liebes vielfältiges Kirchenvolk in der Verantwortung also!

In all diesen Bezügen steht Ihr, und in all Eurer Vielfältigkeit seid Ihr Volkskirche. Ihr lebt und wisst, dass Ihr viele seid, unter Euch sind viele Sicht- und Glaubensweisen, viele Partizipations- und Organisationsvarianten möglich. Und dennoch glaubt und lebt Ihr in all dieser Vielfalt, dass Ihr eins seid in Christus. Diese Einheit, die aller Vielfalt zugrunde liegt, wird nicht von der Kirche selbst erreicht. Sie ist nicht an der Form festgemacht und auch nicht am Inhalt, sondern sie wird geglaubt. *Sola fide*, nur durch den Glauben seid Ihr eins, nicht durch den Glauben an die Kirche, sondern durch den Glauben an den einen Christus, dessen Wort und Geist die Kirche hält. So ist gerade die Volkskirche geglaubte Kirche, die in der Spannung von Pluralität und Universalität nicht anders existiert als in der realen Existenz und Verantwortung der Vielen und nicht anders geeint ist als in dem einen Zuspruch und Anspruch Jesu Christi.

So sind wir Volkskirche, denn darin würde ich mich gerne einschliessen – als ob man sich selbst einschliessen könnte und nicht vielmehr wir eingeschlossen sind in der allein kirchenstiftenden Anrede Jesu Christi durch seinen Geist.

Liebes Kirchenvolk, wir sind die Volkskirche.

Mit herzlichen Grüssen, Christina

E – Glossar und Anhang

Was fehlte, wenn die Volkskirche fehlt?

Salomé Perret,
Gymnasiastin, Zürich

Meine Meinung ist: Es braucht eine Organisation wie die Kirche, die für die Menschen da ist, die an Gott glauben und denen das hilft in schwierigen Situationen. Aber die das nicht wollen, sollen auch akzeptiert werden. Ich finde so eine Kirche gut, die Leute nicht verurteilt, wenn sie anders leben und glauben. Eine Kirche, die offen ist für alle und nicht sagt: Wenn wir dir helfen, musst du zu uns konvertieren. Das Letzte, das wir brauchen können, ist ein Krieg zwischen den verschiedenen Glaubensformen.

Matthias Krieg

Volksvermehrung

Ein Glossar

Die deutsche Sprache erlaubt eine Fülle von Wortbildungen. Mit *Volk...* lassen sich viele Zusammensetzungen finden. Würde man sie auseinandernehmen, so müsste man entweder *Plus des Volks* oder *Plus für das Volk* formulieren. Das Glossar bietet eine kaum vollständige und gelegentlich augenzwinkernde Sammlung solcher Zusammensetzungen.[1] Ziele des Glossars sind erstens, die ältesten Belege und somit die *Epochen der Entstehung* aufzuzeigen, und zweitens, die Verwendungen und somit die *Gedankenwelt der Nutzer* zu erkennen. Die *Leitfrage des Glossars* mögen sich die Lesenden allerdings selbst beantworten: In welcher illustren Gesellschaft befindet sich der Begriff der «Volkskirche»? Die Informationen zu den 67 Lexemen stammen aus der Literatur[2] oder aus dem Netz.

Volksabstimmung

Begriff aus dem Völkerrecht; die V. bezeichnet in der Regel eine vom Souverän ausgehende Initiative, in der Schweiz die «Volksinitiative», während das «Referendum» in der Regel eine Vorlage der gewählten Volksvertretung bezeichnet, in der Schweiz das «obligatorische» oder «fakultative» Referendum; schweizerisches Instrument der «direkten Demokratie»; über 50 % aller V.en weltweit finden in der Schweiz statt; heute Regelung in den Artikeln 138–142 der «Bundesverfassung der Schweizerischen Eidgenossenschaft»; 1848 in den Artikeln 113–114.

---

1 Der Verfasser nimmt weitere Funde gern entgegen.
2 Kurt Galling (Hg.), Die Religion in Geschichte und Gegenwart, Tübingen 1962, VI/Spalten 1434–1484; Erich Hahn/Alfred Kosing/Frank Rupprecht, Staatsbürgerkunde. Einführung in die marxistisch-leninistische Philosophie, Ostberlin 1983, 345–355; Victor Klemperer, LTI (lingua tertii imperii), Leipzig 1985; Friedrich Kluge, Etymologisches Wörterbuch der deutschen Sprache, Berlin 1975, 824; Manfred Lurker, Wörterbuch der Symbolik, Stuttgart 1991, 799–805; Harald Olbrich (Hg.), Lexikon der Kunst, München 1996, VII/660–666, Gero von Wilpert, Sachwörterbuch der Literatur, Stuttgart 1969, 829–838.

Volksarmee

1956–90 die «Nationale V.» NVA als Armee der «Deutschen Demokratischen Republik» DDR; vorausgegangen sind die «Koreanische revolutionäre Volksarmee» von 1934, der spanische «Ejército Popular de la República» EPR von 1936–39, die polnische Untergrundorganisation «Armia Ludowa» von 1941, die chinesische «Volksbefreiungsarmee» von 1945, die «Vietnamesische V.» von 1950, die «Jugoslawische V.» von 1951, die «Tschechoslowakische V.» von 1954.

Volksausgabe

Vollständige, aber durch einfache Ausstattung und hohe Auflage verbilligte Ausgabe eines etablierten Primärtextes; ihr geht die «Erstausgabe» bzw. «Inkunabel» voraus; parallel zur V., die Bildung unteren Einkommensklassen zugänglich machen will, die «Prachtausgabe», die Bildung als Fetisch des Bildungsbürgertums präsentiert: mit Goldschnitt, Initialen, Buchschmuck, Illustrationen; die Prachtausgabe hatte ihre Blüte in der Gründerzeit; die V. ist heute, nach Pionierarbeit des Verlags «Reclam» seit 1867, vom Taschenbuch abgelöst.

Volksbad

Öffentliche Badeanstalt für Schichten, die in ihrer Wohnung kein Badezimmer hatten; Folge aufklärerischer Einsichten über Hygiene; ausgehend von England; älteste V.er in Liverpool 1842, Brüssel 1854, Hamburg 1855, Winterthur 1864, Berlin 1879, St. Gallen 1906; 1874 Gründung des Berliner Vereins für V.er mit dem Motto «Jedem Deutschen wöchentlich ein Bad!».

Volksbadewanne

1910–45 unter dieser Bezeichnung hergestellte und patentierte Entwicklung des Klempners Karl Louis Krauss (1862–1927); hervorgegangen aus seiner 1895 patentierten «Wellenbadeschaukel»; feuerverzinkte Blechkonstruktion mit konischer Form, schräg gestelltem Kopfstück, senkrechtem Fussende und vier fixen Füssen; kostengünstige Herstellung und preiswerter Erwerb; ab 1925 eine Produktion von 1 000 Stück pro Tag.

Volksballade

Parallel zum «Volkslied» mit der Sammlung «Stimmen der Völker» von Herder (1778/1807) entstandene Bezeichnung; Liedform, die charakterisiert ist durch anonyme Entstehung, mündliche Überlieferung, vereinfachte Stilistik und alltägliche Stoffe; eine Mischform aus episch-erzählenden, dramatisch-dialogischen und lyrisch-emotionalen Elementen; im Unterschied zur «Kunstballade» keine heroischen, historischen oder mythischen Stoffe; vorgetragen im «Bänkelsang»; durch Verschriftung heute etwa 250 erhaltene V.n.

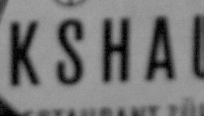

Volksbank

1862 erste Benennung mit der «V. Darmstadt»; die V. als eher städtischer, die Raiffeisenbank als eher ländlicher Typ der «Genossenschaftsbank»; Kapitalansammlung und Kreditgewährung für «kleine Leute», im Unterschied zu den «Geschäftsbanken»; grosse Flächendeckung; 2010 in Deutschland 1 138 Genossenschaftsbanken mit einer addierten Bilanzsumme von 1 017 Mrd. Euro, circa 30 Mio. Kunden, 16,7 Mio. Mitgliedern und über 13 500 Zweigstellen.

Volksbibel

1911 in einer theologischen Zeitschrift gefordert; gemeint war eine Anthologie, die Bibelferne zum selbstständigen Lesen anleitet; so bereits 1887 die «Glarner Familienbibel», dann 1934 die «Stuttgarter Jugend- und Familienbibel», 1940 die «Bibel in neuerer Auswahl und Ordnung für jedermann»; für die Neuübersetzung der (ganzen) «Zürcher Bibel» von 2007 stand als Anforderung die V., die für alle verstehbar sein soll, neben der «Studienbibel», die der Pfarrschaft als quellentreue Arbeitsgrundlage dienen soll.

Volksbildung

1820 der Begriff V. in «Lienhard und Gertrud» von J. H. Pestalozzi (1746–1827); ab 1830 Forderung von Handwerkervereinen nach «Recht auf Bildung»; 1936 Losung «V. ist Volksbefreiung» von Heinrich Zschokke (1771–1848); ab 1845 Gründung von «Arbeiter-Bildungsvereinen; 1871 Gründung der neutralen «Deutschen Gesellschaft für Verbreitung von V.» ohne kirchliche oder parteiliche Vereine; seit 1918 Bewegung der «Volkshochschule» VHS zur Mitverantwortung aller Gruppierungen; bis 1945 die Vorläuferin der «Erwachsenenbildung».

Volksbuch

Wortschöpfung von Johann Joseph Görres (1776–1848) im Titel der Anthologie «Die teutschen V.er» von 1807; im Zeitraum 1400–1600 entstandene Prosaauflösungen alter Epen, in denen Görres den «Volksgeist» am Werk glaubte; faktisch Prosaisierungen einzelner Adliger für die Bildung am Hof; durch den Buchdruck aber auflagenstark und an den Lesegeschmack breiter Schichten angepasst; romantische V.er sind Simrocks «Nibelungenlied» 1827 und Schwabs «Sagen des klassischen Altertums» 1838–40.

Volksbücherei

Öffentliche und gemeinnützige Einrichtung zur Förderung der Volksbildung; auch «Volksbibliothek»; 1828 Gründung der «Vaterländischen Bürger-Bibliothek» in Grossenhain bei Meissen als der ersten V.; 1850 vier städtische Volkbibliotheken in Berlin, Nürnberg 1873, Ulm 1896, Bamberg 1961; teils nationalsozialistisch kontrolliert wie in Bremen 1933–45; 1965 Zusammenschluss von 11 000 V.en in Westdeutschland.

Volksbühne
Aus der Arbeiterbildung hervorgegangene Nutzerorganisation ohne Geschäftsinteresse; Zugang unterer Einkommensklassen zum klassischen und engagierten Theater; am 19.10.1890 Eröffnungsvorstellung der «Freien V.» in Berlin mit Ibsens «Stützen der Gesellschaft»; 1920 «Verband der deutschen V.nvereine»; 1919–33 «Bühnenvolksbund» als christliches Pendant zur sozialistischen V.; heute neben der ältesten V. am Rosa-Luxemburg-Platz in Berlin-Mitte viele V.n als unterhaltsame Amateurtheater, etwa «Volkstheater Wädenswil».

Volksbus
Omnibusse seit 1993; Modellreihe der Firma MAN «Latin America Indústria e Comércio de Veículos Ltda.» mit Sitz im brasilianischen Sao Paulo; hervorgegangen aus der brasilianischen Niederlassung der deutschen Automarke «Volkswagen»; 2007 im südamerikanischen Segment der Busse ein Marktanteil von 28 %.

Volkscharakter
Begriff der nationalsozialistischen Erziehungswissenschaft; vertreten durch Ernst Krieck (1882–1947) in «V. und Sendungsbewusstsein. Politische Ethik des Reichs» (Leipzig 1940); Volk als organische Totalität, der Einzelne als Glied, Erziehung als Zucht von Typen; das dem Typus angeglichene Subjekt als vollwertiges Glied des Volkes; 1933–44 Herausgabe der Zeitschrift «Volk im Werden»; 1934–45 Lehrstuhl in Heidelberg.

Volksdichtung
Im «Sturm und Drang» (1765–1885) und in der anschliessenden Epoche der «Romantik» (1795–1820) die revolutionäre Vorstellung vom «Volk» und seinem «Volkgeist als kulturfähiger, d. h. kulturbildender, -tragender und -vermittelnder Entität; vorher Adel und Klerus aristokratisch und exklusiv in dieser Rolle, nachher im Realismus und Naturalismus individualistisch und subjektiv der Einzelne; V. umfasst Volksballade, Volksbuch, Volksepos, Volkslied, Volksmärchen, Volkssage usw.

Volksdienst
1924 gegründete christlich-soziale Bewegung mit dem Ziel, «den Willen Gottes im öffentlichen Leben entschlossen geltend zu machen»; 1927 nach Erfolg an den württembergischen Gemeindewahlen Gründung des «Christlichen V.es» als politischer Partei, aber mit Ton auf dem «Dienst am Volk»; Wahlerfolge in Baden, Bayern, Preussen; 1929 in Berlin Zusammenschluss mit Gleichgesinnten zum «Christ-

lich-sozialen V.» mit dem Ziel, «Kern einer neuen deutschen Rechten» zu werden; 1930 bei Reichstagswahlen 2,5 %, 1933 Auflösung.

Volkseigentum

1952 Vorlage des «Gesetzes zum Schutz des V.s und anderer gesellschaftlichen Eigentums» VESchG durch das Politbüro der «Sozialistischen Einheitspartei Deutschlands» SED; am 6. Oktober Inkraftsetzung per Akklamation in der «Volkskammer» der «Deutschen Demokratischen Republik» DDR; vor 1989 etwa 8 000 «Volkseigene Betriebe» VEB und Kombinate; 98 % des Produktivvermögens und 50 % der Liegenschaften im V.

Volkseinkommen

Summe aller von Inländern innerhalb eines bestimmten Zeitraums (Jahr) aus dem In- und Ausland erzielten Erwerbs- und Vermögenseinkommen (Löhne, Gehälter, Mieten, Zinsen oder Unternehmensgewinne). Das V. errechnet sich aus dem Bruttosozialprodukt abzüglich der indirekten Steuern und Abschreibungen, zuzüglich der Subventionen. Das V. entspricht dem Nettosozialprodukt zu Faktorkosten und wird neuerdings auch als «Nettonationaleinkommen» bezeichnet (gemäss Definition der «Bundeszentrale für Politische Bildung»).

Volksempfänger

Mit 76 Reichsmark zahlbarer Radioapparat für alle Haushalte; im Auftrag des Reichspropagandaleiters Joseph Goebbels 1933 auf der «10. Grossen Deutschen Funkausstellung» in Berlin erstmals präsentiert; Direktbezug der Typenbezeichnung «VE301» auf den 30.1.1933, das Datum der «Machtergreifung» durch Adolf Hitler; erfolgreichstes Distributionsmittel der nationalsozialistischen Propaganda; Höchststand 1943 mit 16 Mio. Hörern des «Rundfunks».

Volksempfinden

Am 28.6.1935 Einführung des Kriteriums «gesundes V.» in die nationalsozialistische Gesetzgebung Deutschlands; so §2 des Strafgesetzbuchs: «Bestraft wird, wer eine Tat begeht, die das Gesetz für strafbar erklärt oder die nach dem Grundgedanken eines Strafgesetzes und nach gesundem V. Bestrafung verdient»; erweiterter Ermessensspielraum für Richter; in Kunst und Kultur die ideologische Grundlage zur Beurteilung einzelner Objekte als «artgemäss» oder «entartet», als «volksentstammt» oder «volksfremd».

Volksepos

Gattung der Volksdichtung, für die man sich im Unterschied zum höfischen Epos keinen Einzelnen, sondern das Volk selbst als Urheber vorstellte; mittels der «Liedertheorie» erkannten Friedrich August Wolf (1759–1824) 1795 in der «Ilias» und

Karl Lachmann (1793–1851) 1816 im «Nibelungenlied» 15 bzw. 20 mündliche Lieder des Volkes, die je ein Redaktor bei der Verschriftung zusammengefügt und so zum V. verbunden habe.

Volkserzählung

Gattung der Volksdichtung; Sammelbezeichnung Johann Gottfried Herders (1777) für epische Formen; neben Märchen und Sage auch Anekdote, Ballade, Exempel, Fabel, Legende, Mythos, Schwank und Witz; neuerdings auch Alltagserzählung, Familiengeschichte und Formen der Autobiografie; charakteristisch sind anonyme Verfasserschaft, mündliche Tradierung und internationale Verbreitung der Motive; seit 1936 das «Zentralarchiv der deutschen V.», heute in Marburg.

Volksfest

Im regionalen Brauchtum verankerte, an Jahreszeit oder Kirchenjahr orientierte, regelmässig wiederkehrende, durch eine Mischung aus Ritual, Markt und Schaustellerei geprägte, mehrtägige Grossveranstaltung mit regionalem Einzug; in der Kunst nach dem reformatorischen Verbot des Andachts- und Heiligenbilds ein besonders in den reformierten Niederlanden entwickeltes neues Genre der Malerei; das andere, ländliche, naturnahe, derbe Leben zur Anschauung für das kultivierte städtische Bürgertum.

Volksfrömmigkeit

1750–1800 entstandener Begriff; im Unterschied zum «Aberglauben» bzw. zur «Häresie» der geduldete oder integrierte Teil der gelebten Religion, der nicht von theologischer Systematik geleitet ist; von Emotion und Imagination bestimmt, im Unterschied zur Systematik, die an Wissen und Vernunft orientiert ist; regional ausgeprägtes Patchwork aus personifizierten Energien wie Geister, Dämonen, Hexen und magischen Bestimmungen wie Sterne, Säfte, Tote; integrierte V. im katholischen Heiligen- und Engelswesen, sichtbar in der Votivkunst.

Volksfront

Bündnisse politisch links oder rechts stehender Bewegungen; links die von Moskau aus agitierende «Kommunistische Internationale» (1919–39) oder der «Frente Popular» im Spanischen Bürgerkrieg (1936–39); rechts die «Harzburger Front» (1931) im Niedergang der Weimarer Republik oder die amerikanische Skinheadgruppe «V. International» mit «Chapters» weltweit (seit 1994); auch Bezeichnung von Befreiungsbewegungen wie die «V. zur Befreiung Palästinas».

Volksfürsorge

Als «V. Lebensversicherungs AG» am 22.5.1913 notariell eingetragen; nach aufsichtsbehördlicher Genehmigung Aufnahme des Geschäftsbetriebs am 1.7.1913 als «Gewerkschaftlich-Genossenschaftliche Versicherungsaktiengesellschaft»; Anfangskapital von 1 Mio Mark hälftig von Gewerkschaften und Konsumgenossenschaften eingelegt; Werk der Sozialisten Adolf von Elm (1857–1916) und Friedrich Lesche (1863–1933); 2007 Fusion der V. mit der italienischen Versicherungsgruppe «Generali».

Volksgeist

1794 von Johann Heinrich Campe (1746–1818) in seiner Schrift «Über die Reinigung der deutschen Sprache» vorgeschlagener Ersatz für «Nationalgeist»; Campe entwickelte mit aufklärerischer Intention für 11 500 Fremdwörter Verdeutschungen, von denen rund 300 angenommen wurden, etwa «Erdgeschoss» für «Parterre», «herkömmlich» für «konventionell», «Stelldichein» für «Rendezvous», «tatsächlich» für «faktisch»; nicht angenommen wurden «Zwangsgläubiger» für «Katholik» und «Freigläubiger» für «Protestant».

Volksgemeinschaft

Egalitäre Einheit der rassisch und ethnisch Gleichen; Leitbegriff der nationalsozialistischen Propaganda; 1943 im «Volksbrockhaus: die auf blutmässiger Verbundenheit, auf gemeinsamem Schicksal und auf gemeinsamem politischen Glauben beruhende Lebensgemeinschaft eines Volkes»; Ferdinand Tönnies' (1855–1936) Unterscheidung von «Gemeinschaft und Gesellschaft» im Buch gleichen Titels von 1887 sowie die Verwendung von «Volk» für «Staat» und «Lebensraum» für «Staatsgebiet» als ideologische Wegbereitung von V.

Volksgenosse

1798 ältester Beleg von V. für «Landsmann»; im Programm der «Nationalsozialistischen Deutschen Arbeiterpartei» NSDAP von 1920 reklamiert und definiert: «Staatsbürger kann nur sein, wer V. ist. V. kann nur sein, wer deutschen Blutes ist, ohne Rücksichtnahme auf die Konfession. Kein Jude kann daher V. sein»; Verbindung von Volk, Rasse und Blut; 1933–45 die linientreue Standardanrede.

Volksgerichtshof

1934 nach den für Hitler unbefriedigenden Urteilen im «Reichstagsbrandprozess» auf seine Anordnung eingerichtet; Sondergericht zur Verurteilung von Hoch- und Landesverrat; 1936–45 ordentliches Gericht; typisch für den VGH war der «Kurze Prozess» ohne freie Wahl der Verteidigung, ohne Vorbereitungszeit, ohne Einsicht ins schriftliche Urteil und ohne Rekursmöglichkeit; bekannt wurden der

Gerichtspräsident Roland Freisler und der Schauprozess gegen die Attentäter vom 20.7.1944; 1934–45 etwa 5 200 vollstreckte Todesurteile.

Volksglaube
Strikt zu unterscheiden von «Volksfrömmigkeit»; Begriff von Johann Gottfried Herder (1744–1803) in «Ideen zur Philosophie der Geschichte der Menschheit» von 1784–91: «So ist dieser Begrif (die Fortdauer der Seele nach dem Tode) als allgemeiner V. auf der Erde, das Einzige, das den Menschen im Tode vom Thier unterscheidet»; V. als Sammelbegriff religiöser Universalien diesseits der Theologie; 1814 aufgenommen von Friedrich Carl von Savigny (1779–1861): «Recht» werde «erst durch Sitte und V., dann durch Jurisprudenz» erzeugt.

Volksgruppe
Begriff von Max Hildebert Boehm (1891–1968), Leiter der «Arbeitsstelle für Nationalitäten- und Stammesprobleme», geprägt im Rahmen der Kultur-propaganda während des Ersten Weltkriegs; der romantische V.sbegriff als Grund-lage, die völkische Bewegung als Denkrahmen; Grundlage nationalsozialistischer V.npolitik und ethnischer Säuberungen; heute für sprachliche Minderheiten wie «Siebenbürger Sachsen» in Rumänien oder gleichgrosse Sprachgruppen wie «Fla-men» und «Wallonen» in Belgien; wissenschaftlich abgelehnt.

Volkshaus
Gebäude mit öffentlichen Funktionen für breite Bevölkerungsschichten und linke Lebenskultur; Initiative der Sozialdemokratie, der Gewerkschaften sowie sozial engagierter Unternehmer; V.er in Jena 1903 durch Carl-Zeiss-Stiftung, Leipzig 1905 durch Gewerkschaften, Halle 1906 durch SPD, Düsseldorf 1907 durch Gewerk-schaften, Gotha 1907 durch SPD, Weimar 1908 durch SPD, Hannover 1910 durch Gewerkschaften und Stadt, Zürich 1910 durch SP und Gewerkschaften, Bern 1914 durch SP, Basel 1905/1925 durch SP und Stadt.

Volkshochschule
1844 die dänische «Heimv. », gegründet vom Pfarrer und Pädagogen Nikolai F. S. Grundtvig (1783–1872); Vorläuferinnen der deutschen V. waren 1878 die Berliner «Humboldt-Akademie», 1890 der «Frankfurter Bund für Volksbildung» und 1902 die «Freie Hochschule Berlin»; die ersten deutschen VHS 1902 in Ludwigshafen und 1904 in Kaiserslautern; 1919 bereits 150 V.; 1927 Gründung des «Reichs-verbandes der deutschen V.n»; 1900 als Schweizer Vorläuferin die «Université Ouvrières de Genève»; 1919 V.n in Zürich, Bern, Basel.

Volksinitiative

In der Schweiz seit 1848 ein politisches Recht, das von Stimmberechtigten auf Bundes-, Kantons- und Gemeindeebene ergriffen werden kann; seit 1966 über 160 V.n, über 100 davon zur Abstimmung, aber nur 13 davon angenommen, 20 seit der Revision von 1891; am 20.8.1893 älteste Annahme einer V.: das Schächtverbot; am 3.3.2013 jüngste Annahme einer V.: das Abzockereiverbot.

Volkskammer

Vom 7.10.1949 bis zum 2.10.1990 das Parlament der «Deutschen Demokratischen Republik» DDR; 500 Sitze ab 1963, 2–4 Tagungen jährlich, seit 1976 im «Palast der Republik»; keine Repräsentanz der Wahlkreise wie im bürgerlichen Parlament, sondern Repräsentanz der ideologischen Einheit von Volk und Partei; im März 1972 anlässlich der Fristenlösung die erste und einzige Abstimmung mit Gegenstimmen (14 von der Ost-CDU).

Volkskanzler

30.1.33 Ernennung Adolf Hitlers zum «Reichskanzler»; inoffiziell «Führer und V.» als Titel, den Joseph Goebbels (1897–1945), Reichsminister für Volksaufklärung und Propaganda, verbreitete; 1933 Dahliensorte des Hamburger Gartenbauarchitekten Carl Ansorge, die nicht «Adolf Hitler», aber «Der V.» heissen darf; 1935 von Hans Christoph Kaergel (1889–1946) das populäre Buch «Der V. Das Leben des Führers Adolf Hitler für Jugend und Volk erzählt».

Volkskirche

1809 schriftlich bei Schleiermacher (1768–1834) im Manuskript zur «Christlichen Sittenlehre»; Zielvorstellung in Reformdiskussionen; 1848 forderte Wichern (1808–81), «dass unsere evangelische Kirche eine V. werden muss und kann, indem sie das Volk durchs Evangelium in neuer Weise und Kraft zu erneuen und mit neuem Lebensodem aus Gott zu durchdringen hat»; ab 1870 Bedeutungswandel von der missionalen Utopie zur nationalen Religion; seither V. zwischen der «Staatskirche», die Bürger faktisch zum Christentum zwingt, und der «Freikirche», die keine garantierte Öffentlichkeit hat; 2009 V. in Art. 5,2 der Zürcher Kirchenordnung.

Volkskirchenbund

1918 in Göttingen am Busstag der Aufruf, politisch ausgerichtete kirchliche Organisationen in einem V. zu integrieren; Ziele waren Vertretung des Protestantismus im öffentlichen Leben, staatsfreie Kirchen ohne Beeinträchtigung kirchlichen Lebens, Ausgestaltung der Kirchen zur «wahren Volkskirche», Bekämpfung von Kirchenfeindschaft sowie Mission Kirchenentfremdeter; rasches Entstehen diverser V.e, die sich im April 1919 zum «Deutschen V.» vereinigten; Verblassen nach der Neuordnung der Landeskirchen.

Volksklasse

1792 im «Neuen Teutschen Merkur» von Christoph Martin Wieland (1733–1813): statt Fürstenwillkür und Despotismus «das feurige Bestreben, alle V.n glücklich zu machen, weise Staatseinrichtungen zu veranstalten und eine Souveränität der Gesetze einzuführen»; stärker als die Begriffe «Milieu», «Schicht», «Stand» oder «soziale Lage» mit den Phänomenen Unterdrückung und Ausbeutung verbunden, so seit 1848 in den Begriffen «Klassengesellschaft» und «Klassenkampf» von Karl Marx (1818–83).

Volkskrankheit

1832 vom Medizinhistoriker Justus Friedrich Karl Hecker (1795–1850) eingeführter Begriff für psychische Epidemien des Mittelalters; heute Bezeichnung für nichtepidemische Krankheiten, die durch Verbreitung und Kosten sozial und ökonomisch ins Gewicht fallen; so Herz-Kreislauf-Krankheiten, Arthrose, Diabetes und Krebs; «Volkgesundheit» bezeichnet medizinisch den durchschnittlichen Gesundheitszustand der Gesamtbevölkerung.

Volkskunde

Erstmals 1806 in der Sammlung «Des Knaben Wunderhorn», wo «Schlaf Kindli schlaf», das «Murtener Lied», als «Beitrag zur V.» bezeichnet wird; 1813 bereits Name der entstehenden Wissenschaft; 1823 ein Handbuch der Geographie als «Landes- und V.»; sie vertritt einen unpolitischen Volksbegriff, erforscht «das einfache Volk», die «Grundschicht» der Kulturvölker, den *vulgus in populo*, die ursprünglichen Primärformen der Kultur; die Gebrüder Grimm als nachhaltige Vertreter der V.

Volkskunst

Als Begriff erstmals 1908 in «Meyers Konversationslexikon»; entstanden im Kontext der «Kunstgewerbebewegung», die am Übergang vom Historismus mit seinen Neo-Stilen zur künstlerischen Moderne mit ihren Abstraktionen steht; sowohl «Kunst des Volks» im Sinn der Inspiration des Städters durch die Exotik der Landschaft als auch «Kunst für das Volk» im Sinn der pädagogischen Heranführung einfacher Schichten an die Kunst; Teilgebiet der Volkskunde mit reicher Sammeltätigkeit ab 1894.

Volkslauf

Veranstaltung des «Breitensports»; im Unterschied zum «Strassenlauf» nicht leistungsorientiert und daher wenig reglementiert; hervorgegangen aus dem Schweizer «Wehrlauf»; am 13.10.1963 bei Augsburg der erste V. mit 1 654 Teilnehmenden aus allen Altersgruppen; 2008 in Deutschland über 2 Mio. Läufer und Läuferinnen an 3 682 V.en.

Volkslied

In Thomas Percys Anthologie «Reliques of Ancient English Poetry» von 1765 entdeckte Johann Gottfried Herder (1744–1803) die Bezeichnung «popular song», die er 1771 mit «Populärlied» und 1773 in den «Blättern von deutscher Art und Kunst» mit «V.er» übersetzte; 1778 nannte er seine eigene Anthologie «V.er», 1807 die Zweitauflage «Stimmen der Völker; in der Romantik als unmittelbarer und ungekünstelter Ausdruck der «Volksseele» verstanden, das Volk selbst als dichtendes Subjekt.

Volksmärchen

Im Unterschied zum «Kunstmärchen» anonyme Entstehung, anschaulicher Stil, verständliche Sprache und mündliche Überlieferung; vor der Verschriftung im kollektiven Gedächtnis und mit reichen Erzählvarianten; der Begriff V. erstmals 1782–86 bei Johann Karl August Musäus (1735–87) im Titel seines Hauptwerks «Volksmährchen der Deutschen» in fünf Bänden; 1853 «Kinder- und V.» von Heinrich Pröhle (1822–95); 1856 «Deutsche V. aus dem Sachsenlande in Siebenbürgen» von Joseph Haltrich (1822–86).

Volksmasse

Begriff Lenins (1870–1924) von 1905; verbunden mit der Vorstellung vom «Klassenkampf» innerhalb der Philosophie des Marxismus-Leninismus; nach Friedrich Engels (1820–95) eine der «eigentlich letzten Triebkräfte der Geschichte»; nicht Ausnahmemenschen machen Geschichte, sondern die V.n, die sich als «Werktätige» oder «Arbeiterklasse» formieren, um sich nicht länger von der «Ausbeuterklasse» die «Früchte der schöpferischen Tätigkeit» stehlen zu lassen; V. als Subjekt der Revolution.

Volksmedizin

Älteste Medizin; zugleich auf religiöser Überlieferung und kollektiver Erfahrung beruhendes Wissen im Unterschied zur modernen wissenschaftlichen «Schulmedizin»; Krankheit und Heilung als Wirken externer, magischer und energetischer Kräfte; «Amulett» als Form der Prophylaxe, «Eingeweideschau» als Verfahren der Diagnose, «Besprechen» und «Analogiezauber» als Formen der Behandlung;1800–1850 Entstehung des Begriffs V. im Zuge der Etablierung der Schulmedizin; heute «Ayurveda» in Indien, «Kampo» in Japan, «Akupunktur» in China.

Volksmission

Katholische Variante der «Stadtmission»; geregelt durch die Kapitel 1349–51 des «Corpus Iuris Canonici» CIC: einmal in der Dekade 8–14 spezielle Tage innerhalb der Pfarrei zur Wiedergewinnung, Auffrischung und Zurüstung zum aktiven Christsein; die Bettelorden als Vorläufer, die jesuitischen «Exerzitien» als Grund-

modell, Vincentius von Paul (1581–1660) als «Vater der V.», der hl. Leonhard seit
1923 als «Patron der V.»; um 1930 Ende der V.

Volksmusik

Begriff im Anschluss an das Volkslied; vokale und instrumentale Musik in mündli-
cher und häuslicher Überlieferung; genutzt von dörflichen, ländlichen und berufli-
chen Gemeinschaften; seit 1800 gesammelt und verschriftet, teils in sich kultiviert
als «Blues», «Fado», «Flamenco», «Folk», «Klezmer», «Ländler», «Rembetiko»,
«Shanty», «Son», «Spiritual», «Tango» etc., teils von der «Popmusik» aufgegriffen
wie bei der «Weltmusik», teils von der «Kunstmusik» motivisch genutzt wie von
Bartok, Brahms, Dvorak, Grieg etc.

Volksoper

1897 Gründung des «Kaiserjubiläums-Stadttheater-Vereins» in Wien mit dem Ziel,
zum 50-jährigen Thronjubiläum Kaiser Franz Joseph I. im Jahr 1898 ein Sprecht-
heater für deutsche Stücke im 18. Bezirk zu errichten; 1903 Konkurs; in der Saison
1904–05 erstmals der Untertitel V., weil die neue Direktion «Spielopern» aufs Programm setzte; ab 1908 dauerhafte Bezeichnung V.; im Unterschied zur «Staatsoper»
Schwergewicht auf Operette und Musical.

Volkspark

Ende des 19. Jahrhunderts aus dem «Volksgarten» des 18. Jahrhunderts hervorgegangen; Ver-lagerung von der Ästhetik auf die Naherholung; typisch sind zentrale,
grosse und betretbare Spiel- und Sportflächen sowie ein entsprechend reduziertes
Wegenetz; Berlin als Stadt mit den meisten V.s: Hasenheide 1811, Friedrichshain
1846, Humboldthain 1869, Jungfernheide 1923, Rehberge 1929, Mariendorf
1931, Wuhlheide 1932.

Volkspartei

Im Unterschied zum Typ der «Klassenpartei», so die alte Sozialdemokratie als
«Arbeiterpartei», der «Konfessionspartei», so das alte «Zentrum» als Katholiken-
partei, oder der «Interessenspartei», so die neuen «Grünen» als «Umweltpartei»,
ein für das ganze Volk offener Parteityp; ehemalige V.en vor 1918 bzw. 1933; in
Deutschland V. erst seit 1945; heute in der Schweiz die «Christlichdemokratische
V.» CVP, die «Evangelische V.» EVP und die «Schweizerische V.» SVP, im Einfluss-
raum Österreichs die «Österreichische V.» ÖVP und die «Südtiroler V.».

Volkspoesie

1776 von Gottfried August Bürger (1747–94) in enger Anlehnung an Johann Gottfried Herder (1744–1803) entwickelter Sammelbegriff; publiziert in «Herzensaus-
guss über Volks-Poesie»; Empfehlung, auf Inspiration, Natur und Fantasie zu set-

zen statt auf Wissen und Regeln; Bürgers Formel «Alle Poesie soll volksmässig sein; denn das ist das Siegel ihrer Vollkommenheit», durchzieht mehrere seiner Schriften.

Volkspolizei

Die Polizei der «Deutschen Demokratischen Republik» DDR; 1945 von der sowjetischen Besatzungsmacht gegründet; 1962–89 eigene Hochschule der VP in Berlin, 1971–89 Offiziershochschule in Dresden; 1990 vor der Auflösung etwa 80 000 Hauptamtliche und 177 500 «Freiwillige Helfer»; Meldepflicht von Ausländern bei der «VoPo», der auch die «Abteilung Pass- und Meldewesen» unterstand; 1. Juli als «Tag der V.».

Volksrecht

Begriff von Georg Beseler (1809–88) in seiner Schrift «V. und Juristenrecht» von 1843: das V. als mündliches und durch Gewohnheit gewachsenes Recht im Kontrast zum einmal schriftlich gesetzten, daher «positiven Recht»; in der Schweiz die V.e als verbriefte Instrumente der direkten Demokratie; 1898–1969 in Zürich eine sozialdemokratisch-gewerkschaftliche Tageszeitung.

Volksrepublik

Selbstbezeichnung sozialistischer Staaten in Abgrenzung zur «Klassenherrschaft der Bourgeoisie» wie auch zur «Diktatur des Proletariats»; Übergangsform der Entwicklung vom Kapitalismus zum Sozialismus; Beginn der Verwendung seit dem Ende des Zweiten Weltkriegs: Jugoslawien 1945–63, Albanien 1946–90, Rumänien 1948–65, Ungarn 1950–89, Bulgarien 1951–90, Tschechoslowakei 1953–89, China seit 1955; Polen 1957–89; heute noch in der Staatsbezeichnung von Algerien, Bangladesh, China, Laos und Nordkorea.

Volksschule

Sachlich schon vorher, begrifflich aber erst infolge des romantischen Verständnisses von Volk; 1763 durch Friedrich II. das «Königlich Preussische Generallandschulreglement» mit Schulpflicht für alle 5–14-jährigen; 1779 erstmals der Begriff V.; in der Schweiz grosse Bedeutung Johann Heinrich Pestalozzis (1746–1827), dessen Grabstein ihn als «Gründer der neuen V.» preist; 1832 Start der heutigen V. in Zürich, 1835 in Bern.

Volksseele

1769 von Johann Gottfried Herder (1744–1803) geschaffenes Wort; 1778 schrieb er: «Wenn nun für die Sinne des Volks rührende, treue gute Geschichten, und keine Moral, eine Einzige Moral: für ihr Ohr rührend simple Töne und keine Musik, die einzige Musik ist: und wenn jede Menschliche Seele in den ersten Jahren gewissermasse Seele des Volks ist, nur sieht und hört, nicht denkt und grübelt!» Volk bildlich als Körper gedacht und von der V. beseelt.

Volksstamm

Romantischer Begriff im Gefolge Johann Gottfried Herders (1744–1803); durch Abstammung und Verwandtschaft vorgegebene Grosseinheit menschlicher Sozialisation oberhalb der «Sippe» und unterhalb des «Staates»; Metaphorik des Baums als Grundlage der Vorstellung; heute wissenschaftlich als Spielfeld unterschiedlichster, meist ideologischer Konstruktionen dekonstruiert und begrifflich ad acta gelegt; in der Ethnologie ein Nachleben in Gestalt «tribaler» Gesellschaften etwa im afrikanischen und arabischen Raum.

Volksstück

Dramatische Gattung zur Verwendung auf städtischen Volksbühnen oder im Vorstadttheater; im Unterschied zum «Hoftheater» das Theater für den «Dritten Stand»; volkstümliche, gemütvolle, schlichte und leicht verständliche Formen und Themen; mit Musikeinlagen und Showeffekten; Einflüsse des «Stegreifspiels» und der «Commedia dell'arte»; Johann Nestroy (1801–62), der sehr populäre Possen mit Gesang verfasste, als Hauptvertreter des V.s.

Volkstanz

Tanz als darstellende Kunst, ursprünglich religiös, dann auch sozial, weiter auch kunstvoll, zuletzt vor allem folkloristisch und unterhaltungsorientiert; religiös geht der Tänzer in die dargestellte Figur, die er dann auch ist und an dessen «Mana» er teilhat, etwa als Raubtier oder Held; sozial die Selbstvergewisserung der familialen Gruppe durch Erinnerung eigener Geschichte(n); in der Kunst kultiviert bis zum Ballett oder zum Sport; V. seit 1850 als romantische Konstruktion von Identität: «Schottisch» oder «Polka» als Alpenländische V.e.

Volkstum

«Turnvater Jahn», eigentlich Friedrich Ludwig Jahn (1778–1852), als Schöpfer des Substantivs in seiner Schrift «Deutsches Volksthum» von 1808; Begründung des «völkischen» Bewusstseins im Gegenzug zur Wirkung der französischen Besatzung, die er als «Ausländerei» und «Verwelschung» geisselte; Ziel «Grossdeutschland» inklusive Schweiz, Holland und Dänemark, Hauptstadt «Teutonia»; das Adjektiv «volkstümlich» während der Aufklärung für «ungebildet» und «populär».

Volkswagen

Der gegen 990 Reichsmark für jedermann erschwingliche «KdF-Wagen» als Programmpunkt der nationalsozialistischen Organisation «Kraft durch Freude»; am 1.7.1938 Gründung der «Stadt des KdF-Wagens» bei Fallersleben, ab dem

15.7.1945 das heutige «Wolfsburg»; im Krieg Herstellung von 630 KdF-Wagen für Militärstellen; 1946 der erste «Brezelkäfer»; 1955 der einmillionste «VW-Käfer»; am 1.7.1974 der letzte Käfer nach 11 916 519 Exemplaren.

Volkswirtschaft

Gesamtheit aller in einem Wirtschaftsraum einander zugeordneten Wirtschaftssubjekte als Gegenstand der V.slehre; Wortbildung im 19. Jahrhundert; 1868 Albert Hermann Post, «Das gemeine deutsche und hansestadtbremische universelle Vermögensrecht auf Grundlage der modernen V.»; 1910 Karl Bücher «Die Entstehung der V.»; sie liegt nationalstaatlich zwischen der verwandtschaftlichen «Hauswirtschaft» ohne Staat, der nachbarschaftlichen «Stadtwirtschaft» vor dem Staat und der internationalen «Weltwirtschaft» trotz den Staaten.

Volkswitz

Wortbildung im Titel eines anonymen Pamphlets von 1849: «Der V. der Deutschen über den gestürzten Bonaparte»; der «Einleitung folgend eine Sammlung deutscher «Flugschriften» der Jahre 1813–14, die angesichts Napoleons III, des Staatspräsidenten der «Zweiten Republik» (1848–52), wieder aktuell sei; 1878 aufgegriffen von Haltrich in «Sächsischer V.», 1892 von Lavverenz in «Die Denkmäler Berlins und der V.».

Volkszählung

Altes Phänomen, belegt seit dem «Alten Reich» Ägyptens (2700v); seit römischer Zeit der «Census» oder «Zensus» (Lk 2,1–5); unklare Entstehung des Worts V., zumal es irreführend ist, denn gezählt werden die Einwohner; moderne Standards seit dem «Internationalen Statistischen Kongress» 1872 in Sankt Petersburg; methodisch keine Stichprobe, sondern eine «Totalerhebung»; 1528 in Litauen die erste V. der Neuzeit, 1754 erstmals in Österreich, 1784 in Liechtenstein, in der Schweiz ab 1850 im Abstand von zehn Jahren.

Autorinnen und Autoren

Alfred Aeppli, Dr. sc. techn., Jahrgang 1951, ist Pfarrer in der Kirchgemeinde Jegenstorf-Urtenen/BE und Präsident des Landeskirchen-Forums.

Christina Aus der Au, Dr. theol., Jahrgang 1966, ist Privatdozentin für Systematische Theologie an der Theologischen Fakultät der Universität Basel und theologische Geschäftsführerin des Zentrums für Kirchenentwicklung der Theologischen Fakultät der Universität Zürich.

Claudia Kohli Reichenbach, Dr. theol., Jahrgang 1975, ist Geschäftsführerin des Aus- und Weiterbildungsprogramms in Seelsorge und Pastoralpsychologie AWS an der Theologischen Fakultät der Universität Bern.

Matthias Krieg, Dr. phil., Dr. theol., Jahrgang 1955, hat die Stabsstelle Theologie bei der Kirchenleitung der Evangelisch-reformierten Landeskirche des Kantons Zürich inne.

Ulrich Luz, Dr. theol., Dr. theol. h.c., Jahrgang 1938, war Professor für Neues Testament an der Theologischen Fakultät der Universität Bern.

Urs Meier, Dr. theol., Jahrgang 1947, war Geschäftsführer der Reformierten Medien und Lehrbeauftragter für Medienethik an der Universität Zürich.

Christoph Morgenthaler, Dr. theol., Dr. phil., Jahrgang 1946, war Professor für Praktische Theologie an der Theologischen Fakultät der Universität Bern.

Sabrina Müller, Dr. theol. des., Jahrgang 1980, ist Pfarrerin in der Kirchgemeinde Bäretswil/ZH und Mitarbeiterin des Zentrums für Kirchenentwicklung der Theologischen Fakultät der Universität Zürich.

Martin Rose, Dr. theol., Jahrgang 1947, war Professor für Altes Testament an der ehemaligen *Faculté de théologie de l'Université de Neuchâtel.*

Sabine Scheuter, Jahrgang 1965, ist Fachmitarbeiterin in den Gesamtkirchlichen Diensten der Evangelisch-reformierten Landeskirche des Kantons Zürich.

Benedict Schubert, Dr. theol., Jahrgang 1957, ist Pfarrer an der Basler Peterskirche und Lehrbeauftragter für Aussereuropäisches Christentum an der Theologischen Fakultät der Universität Basel.

Christiane Tietz, Dr. theol., Jahrgang 1967, ist Professorin für Systematische Theologie an der Theologischen Fakultät der Universität Zürich.

Jost Wirz, Jahrgang 1941, ist Ehrenpräsident und Minderheitsaktionär der Wirz Partner Holding AG.

Andreas Zeller, Dr. theol., Jahrgang 1955, ist Synodalratspräsident der Reformierten Kirchen Bern-Jura-Solothurn.

Weiterführende Literatur

Hans Apel, Volkskirche ohne Volk. Der Niedergang der Landeskirchen, Giessen 2004.

Peter Böhlemann, Wie die Kirche wachsen kann und was sie davon abhält, Göttingen 2009.

Roland Diethelm/MattthiasKrieg/Thomas Schlag (Hg.), Lebenswelten. Modelle kirchlicher Zukunft, Zürich 2012.

Kristian Fechtner, Späte Zeit der Volkskirche. Praktisch-theologische Erkundungen, Stuttgart 2010.

Gemeinschaftswerk der Evangelischen Publizistik GEP (Hg.), Missionarisch Volkskirche gestalten – Möglichkeiten der mittleren Leitungsebene, Frankfurt 2011 (interne Dokumentation).

Bernd-Michael Haese/Uta Pohl-Patalong (Hg.), Volkskirche weiterdenken. Zukunftsperspektiven der Kirche in einer religiös pluralen Gesellschaft, Stuttgart 2010.

Jan Hermelink, Kirchliche Organisation und das Jenseits des Glaubens. Eine praktisch-theologische Theorie der evangelischen Kirche, Gütersloh 2011.

Wolfgang Huber u. A. (Hg.), Zeitzeichen 10, Thema: Volkskirche, Berlin 2011 (Magazin).

Manfred Josuttis, «Unsere Volkskirche» und die Gemeinde der Heiligen. Erinnerungen an die Zukunft der Kirche, Gütersloh 1997.

Isolde Karle, Kirche im Reformstress, Gütersloh 2011 ([1]2010).

Kirchenamt der Evangelischen Kirche in Deutschland EKD (Hg.), Kirche der Freiheit. Perspektiven für die evangelische Kirche im 21. Jahrhundert. Ein Impulspapier, Hannover 2006 (internes Dokument).

Juliane Kleemann/Hans-Hermann Pompe, Erschöpfte Kirche? Geistliche Dimensionen in Veränderungsprozessen, Leipzig 2015.

Matthias Kroeger, Im religiösen Umbruch der Welt: Der fällige Ruck in den Köpfen der Kirche, Stuttgart 2004.

Perspektivkommission der Evangelischen Kirche in Hessen und Nassau EKHN (Hg.), Person und Institution. Volkskirche auf dem Weg in die Zukunft, Frankfurt 1992.

Uta Pohl-Patalong, Von der Ortskirche zu kirchlichen Orten. Ein Zukunftsmodell, Göttingen 2004.

Michael Moynagh/Philip Harrold, Church for every Context. An Introduction to Theology and Practice, London 2012.

Thomas Schlag, Öffentliche Kirche. Grunddimensionen einer praktisch-theologischen Kirchentheorie, Zürich 2012.

Jürg Stolz/Edmée Ballif, Die Zukunft der Reformierten. Gesellschaftliche Megatrends – Kirchliche Reaktionen, Zürich 2011.

Urs Winter-Pfändler, Kirchenreputation. Forschungsergebnisse zum Ansehen der Kirchen in der Schweiz und Impulse zum Reputationsmanagement, Sankt Gallen 2015.